Herder-Taschenbuch 1527

Über den Autor

Eugen Biser, Jahrgang 1918, emeritierter Professor für Christliche Weltanschauung und Religionsphilosophie, Präsidialbeauftragter für das Seniorenstudium der Universität München.

Wichtigste Werke:
Theologische Sprachtheorie und Hermeneutik (München 1970); Der Helfer. Eine Vergegenwärtigung Jesu (München 1973); Glaubensverständnis. Grundriß einer hermeneutischen Fundamentaltheologie (Freiburg 1975); Religiöse Sprachbarrieren (München 1980); Menschsein in Anfechtung und Widerspruch (Düsseldorf 1980); Dasein auf Abruf (Düsseldorf 1981); Der Zeuge. Eine Paulusbefragung (Graz 1981); Der schwere Weg der Gottesfrage (Düsseldorf 1982); Menschsein und Sprache (Salzburg 1984); Die glaubensgeschichtliche Wende (Graz 1986).
Als Herder-Taschenbuch erschienen: Glaube nur! (Nr. 800); Nietzsche für Christen (Nr. 1056); Jesus für Christen (Nr. 1157); Paulus für Christen (Nr. 1219) sowie der Besinnungsband ‚Er ist unser Friede' (Nr. 1092) und ‚Glaubenswende. Eine Hoffnungsperspektive' (Nr. 1392).

Eugen Biser

Buber für Christen

Eine Herausforderung

Herder Taschenbuch Verlag

Originalausgabe
erstmals veröffentlicht als Herder-Taschenbuch

Herder Freiburg · Basel · Wien
Herstellung: Freiburger Graphische Betriebe 1988
ISBN 3-451-08527-5

Inhalt

Die Zuordnung

Eine Zuordnung Martin Bubers zu der Reihe, die mit ‚Nietzsche für Christen' eröffnet wurde und inzwischen bei ‚Kierkegaard für Christen' angelangt ist, will zunächst nicht einleuchten. Denn sein philosophisches Lebenswerk gehört denen, die der Enge des neuzeitlichen Denkansatzes zu entkommen suchen, weil sie die geistige Urerfahrung in der zwischenmenschlichen Beziehung vermuten. Seine Entdecker- und Sammlertätigkeit bezieht sich auf die untergegangene Welt des der nationalsozialistischen Vernichtungsmaschinerie zum Opfer gefallenen Chassidismus. Seine Sprachkunst widmete er der mit Franz Rosenzweig in Angriff genommenen Verdeutschung der Bibel. Und seine theologische Arbeit konzentrierte sich vornehmlich auf die Deutung der alttestamentlichen Schriften. Schon davon geht aber den Christen vieles unmittelbar an: die Suche nach einem Denkansatz, der dem Glauben gemäßer ist als der des einsam auf sich reflektierenden Subjekts; das geistige Erträgnis einer Alltagsmystik, die das Gottesgeheimnis nicht in den Höhen der Entrückung, sondern in den Niederungen der konkreten Alltagswelt aufzuspüren sucht; die Frage einer die Dynamik der biblischen Originalsprache wahrenden Übersetzung und nicht zuletzt die von einer staunenswerten Einfühlungs- und Erschließungskraft zeugende Bibelinterpretation. Doch Buber rückte – und darin liegt der Hauptgrund der Beschäftigung mit ihm – dem Christentum auch unmittelbar zu Leibe, als er ihm vorwarf, von der Höhe des Glaubens Jesu auf die Stufe einer abkünftigen Glaubensweise herabgesunken zu sein. Was aber mehr noch zum Disput mit ihm nötigt, ist der einzigartige Stil seiner Kritik. Sie hält sich nicht nur frei von jeder Polemik, sondern ist auch mit überraschenden Einblicken in die Lebensgeschichte Jesu und deren neutestamentliche Dokumentation verbunden, die der Christ nur mit staunender Betroffenheit zur Kenntnis nehmen kann. Grund genug, ihn in den unterschiedlichen Perspektiven seines Lebenswerks „für Christen" herauszustellen und mit ihm das von ihm ständig geforderte Gespräch aufzunehmen.

Ich widme die Studie dem um die Verständigung von Juden und Christen unablässig bemühten Leiter der Katholischen Akademie Hamburg

Direktor Dr. Günter Gorschenek

als Zeichen aufrichtigen Dankes und freundschaftlicher Verbundenheit.

München, Ostern 1988 *Eugen Biser*

I
Biographische Stationen

1.
Das geistige Profil

Es war ein geistiges Autogramm, wenn *Martin Buber* seinen Besuchern, gleicherweise im Stil einer Vorwarnung wie einer Wegweisung erklärte:

Ich habe keine Lehre; ich führe ein Gespräch [1].

Selbstverständlich konnte auch er kein Gespräch ohne lehrhaften Hintergrund führen; und genauer besehen enthielt seine „Erklärung“ sogar schon den Grundriß dessen, was er das von ihm vertretene „dialogische Prinzip“ zu nennen pflegte. Indessen bestand der Kern dieses Prinzips gerade nicht darin, als Grundstruktur bei allem, was kommen wollte, durchgehalten, sondern in der Bereitschaft, an das, was sich im aufgenommenen Gespräch ereignete, preisgegeben zu werden. So blieb in dem, was Buber lehrte, stets der dialogisch-pädagogische Impuls bestimmend. Seine „Lehre“ hatte, wie man auch sagen könnte, einen Überschuß an noch „ungelöschten“ Fragen. Und ebenso war darin der Unterton des Erziehers und Mahners nicht zu überhören. So aber läßt sich das „Autogramm“ bereits im Sinne einer ersten, ebenso flüchtigen wie provisorischen Porträtbestimmung lesen. Was dem Gesprächspartner in der Gestalt Martin Bubers entgegentrat, war ein lehrender Mahner und mahnender Erzieher; oder kürzer: ein Weiser im weisheitsfernen Erscheinungsbild der Gegenwart, sofern man den Ausdruck nur in der Schwebe zwischen „Weisheit“ und „Weisung“ be-

---

[1] So *Buber* in seiner Antwort auf die Interpreten, die in dem von *Paul Arthur Schilpp* und *Maurice Friedman* hrsg. Sammelband über ihn zu Wort kommen: Martin Buber, Stuttgart 1963, 593.

läßt[2]. Zu einem Mahner gehört im Regelfall ein Programm. Nach seinem „Programm" befragt, hätte Buber aber im Stil seiner „Erklärung" zweifellos geantwortet:

Ich habe kein Programm; ich suche einen Weg!

Und damit wäre deutlich geworden, daß für ihn der gelebte und lebendig erfahrene Augenblick am wichtigsten war. Nicht das, was in ihn an Erkenntnis und pädagogischer Absicht investiert wurde oder was ihn als Erkenntnis und Orientierungshilfe überdauerte, sondern das, was sich in ihm jeweils an Übereinstimmung oder Abgrenzung, Verbundenheit oder Polarisierung „ereignete". Buber ging es somit, wie man mit dem von *Gabriel Marcel* und *Erich Fromm* eingeführten, gelegentlich aber auch von ihm selbst verwendeten Begriffspaar „Sein und Haben" verdeutlichen könnte, stets um den Vorrang dessen, was im aktuellen Sinn des Wortes „ist", vor dem, was man nach Art des „Habens" dingfest machen und als feststellbares Erträgnis behalten kann[3]. Das steht zur durchschnittlichen Einstellung, wie sie insbesondere der modernen Konsum- und Leistungsgesellschaft entspricht, derart quer, daß nach der Veranlassung dazu gesucht werden muß. Der Fundort, auf den diese Suche früher oder später stößt, ist Bubers Biographie, die sich ihm selbst als eine Abfolge prägender Lebensstationen darstellt. Sie gibt Aufschluß über das, was ihn von den durchschnittlichen Denk- und Verhaltensmustern abgrenzt und ihn zu dem werden ließ, was in seinem geistigen Autogramm lesbar wurde: ein Weiser dieser Zeit.

---

[2] Vom „Untergang der Weisheit" in der Gegenwart sprachen in verblüffender Übereinstimmung sowohl *Gabriel Marcel* als auch *Max Horkheimer*; der eine in seiner Schrift ‚Der Untergang der Weisheit – die Verfinsterung des Verstandes' (Heidelberg 1960), der andere in seiner ursprünglich unter dem Titel ‚Eclipse of Reason' erschienenen ‚Kritik der instrumentellen Vernunft' (New York 1947). Näheres dazu im Nachwort (S. 131 ff).

[3] Dazu *Marcel* ‚Geheimnis des Seins' (Wien 1952) und ‚Metaphysisches Tagebuch' (Wien und München 1955); ferner *Fromm* ‚Haben oder Sein. Die seelischen Grundlagen einer neuen Gesellschaft' (München 1980).

2.
Prägende Lebensstationen

Wenn Buber seine „autobiographischen Fragmente" mit dem Titel ‚Begegnung' überschreibt, gibt er mit diesem Stichwort zu verstehen, wodurch seine Lebensgeschichte strukturiert und zu einer Abfolge von „Stationen" gegliedert wurde, obwohl der Ausdruck „Begegnung" auch in seinem Sinn für das Verhältnis zu den für ihn bedeutungsvoll gewordenen Personen vorbehalten werden sollte[4]. Demgegenüber geht es hier, bei diesem Durchblick durch seine ereignisarme, jedoch von innerer Dramatik durchwaltete Biographie, vornehmlich um jene Vorkommnisse, welche die für seine denkerische und religiöse Position wichtigsten Zäsuren in seine Lebensgeschichte legten.

Und darin besteht auch schon ein bedeutsamer Fingerzeig; denn Bubers geistige Biographie beginnt mit dem Erlebnis eines Defizits, einer, wie er es sich später zurechtlegte, „Vergegnung"[5]. Über die Holzbrüstung des väterlichen Anwesens gelehnt, sagt die Nachbarstochter, der die Obhut über den Vierjährigen übergeben worden war: „Nein, sie kommt niemals zurück." Gemeint war, ohne daß die beiden davon gesprochen hätten, die Mutter, da sich die Eltern des am 8. Februar 1878 in Wien geborenen Martin ein Jahr zuvor voneinander getrennt hatten. Daraus wird man schließen müssen, daß dem Verfechter des dialogischen Prinzips, dem nichts an einer Lehre oder einem Programm, dafür aber alles am gelebten Augenblick gelegen war, die Erfahrung des Urvertrauens vorenthalten blieb: ein ihm zweifellos lebenslang nachgehendes Kindheitstrauma, das gleichwohl nicht kompetenter und menschlicher hätte kompensiert werden können als durch ein Denken, das sich dem Dialog verschrieb und sich gleichzeitig als Denken zurückließ, um den Dialog ideologisch unbelastet führen zu können. Doch dem Hungernden ist nun einmal nicht damit geholfen, daß man ihm, wie es in dem von *Gustav Mahler* vertonten Wunderhorn-Lied „Das irdische Leben" geschieht, vom Brot erzählt und Brot verspricht, sondern nur dadurch, daß man es ihm gibt. In diesem Sinne wird Buber selbst seinen Essay ‚Urdistanz und Beziehung' (von 1951) mit dem schönen, ihm vermutlich aus seiner Eb-

---

[4] *Buber*, Begegnung. Autobiographische Fragmente, Stuttgart 1960.

[5] A.a.O., 6.

ner-Lektüre zugeflossenen Wort beschließen: „einander reichen die Menschen das Himmelsbrot des Selbstseins“[6].

Insbesondere waren es drei Erlebnisse, die Bubers Lebens- und Denkgeschichte entscheidend prägten. Die autobiographische Skizze berichtet von ihnen unter den Titeln ‚Der Stab und der Baum‘, ‚Eine Bekehrung‘ und ‚Samuel und Agag‘[7]. Die erste Szene berichtet von einem Abstieg im „Spätlicht eines vergehenden Tages“, und einem Erlebnis, von dem *Gerhard Wehr* in seiner einfühlsamen Buber-Monographie (von 1968) zu bedenken gibt, daß es sich gerade nicht in Erwartung der „Morgenröte“ *(Böhme)*, sondern in jenem abendlichen Dämmerschein ereignet, den *Hegel* in der Vorrede zu seiner ‚Philosophie des Rechts‘ als die spezifische Beleuchtung der philosophischen Erkenntnis herausstellte:

> Wenn die Philosophie ihr Grau in Grau malt, dann ist eine Gestalt des Lebens alt geworden, und mit Grau in Grau läßt sie sich nicht verjüngen, sondern nur erkennen; die Eule der Minvera beginnt erst mit der einbrechenden Dämmerung ihren Flug[8].

Im Unterschied dazu nutzt die Szene, die Buber beschreibt, das vergehende Licht, um dem zu seinem Recht zu verhelfen, was der philosophischen Erkenntnis entgeht. Er trotzt dem Abendschein das ab, was im Grunde nur die augustinische cognitio matutina in den Blick zu bringen vermag: das jedem Erkenntnisakt zugrundeliegende Geben und Nehmen, die Einsicht in die Schwäche des Gebenden und die Stärke des Empfangenden; die Einsicht in die Stützung des Gebenden durch ihn; in dem geheimnisvollen Rollentausch, durch den die Erkenntnis zur Gewährung des Erkannten und zur Beschenkung des Erkennenden wird. Von daher gewinnt das Bubersche Leitwort, das „Gegenüber“, einen unerwartet reichen und dynamischen Sinn. Es spricht von einer Polarität, die der Lösung der zwischen den beiden Polen herrschenden Spannung entgegendrängt, die aber nicht aus dem Spannungspotential selbst, sondern von dem „Darüber“ kommt. Hier entspringt die Eingebung, die Buber in ‚Ich und Du‘ (von 1923) in die Worte faßt:

---

[6] *Buber,* Urdistanz und Beziehung. Heidelberg 1951, 44; dazu *Ebner,* Wort und Liebe, Regensburg 1935, 136.

[7] *Buber,* Begegnung, 32–35 (13); 36ff (15); 38–44 (16).

[8] *G. W. F. Hegel,* Grundlinien der Philosophie des Rechts (Ausgabe *Hoffmeister*), Hamburg 1955, 17.

In jeder Sphäre, durch jedes uns gegenwärtig Werdende blicken wir an den Saum des ewigen Du hin, aus jedem vernehmen wir ein Wehen von ihm, in jedem Du reden wir das ewige an, in jeder Sphäre nach ihrer Weise[9].

Zu dieser Einsicht kam es, als sich der vom Abstieg ermüdete Wanderer, mehr zur Selbstbestätigung als aus Ruhebedürfnis mit seinem Stab auf einen Eschenstamm aufstützte:

Unbedürftig einer Stütze und doch willens, meinem Verweilen eine Bindung zu gewähren, drückte ich meinen Stab gegen einen Eschenstamm. Da fühlte ich zweifach meine Berührung des Wesens: hier, wo ich das Holz hielt, und dort, wo es die Rinde traf. Scheinbar nur bei mir, fand ich dennoch dort, wo ich den Baum fand, mich selber[10].

Was hier entdeckt wird, ist zunächst – und das ist für einen Denker, der die Korrektur des kartesianischen Cogito im Sinn hat, bedeutsam – der identifikatorische „Gegenzug" im Verstehensakt. So sehr sich dieser auf das zu ihm redende Gegenüber bezieht, kommt der Verstehende doch gerade an ihm – zu sich selbst. So entspricht es auch der Etymologie des Ausdrucks. Denn Verstehen ist von seinem Ursprung her ein forensischer Begriff, dem die Vorstellung von einem Einstehen für eine gerichtlich zu „vertretende" Sache zugrunde liegt. Der genuine Ort des Verstehens ist indessen weder das Gericht noch, wie es heute scheinen will, der Text; es ist vielmehr das Gespräch, auch wenn im gegenwärtigen Sprachgebrauch, bezeichnend für den eingetretenen Verfall, weit öfter vom Verstehen eines Textes als dem eines Menschen die Rede ist. Darauf bezieht sich sodann die zentrale „Entdeckung" Bubers, die hier schon auf die des ‚Zwischenmenschlichen' vorausweist:

Damals erschien mir das Gespräch. Denn wie jener Stab ist die Rede des Menschen, wo immer sie echte Rede, und das heißt: wahrhaft hingewandte Anrede ist. Hier, wo ich bin ..., hier „meine" ich ihn ..., diesen einen unverwechselbaren Menschen. Aber auch dorthin, wo er ist, ward etwas von mir delegiert, etwas, das gar nicht substanzartig ist wie jenes Beimirsein, sondern reine Vibration und ungreifbar; das weilt dort, bei ihm, dem von mir gemeinten Menschen, und nimmt teil am Empfangen meines Wortes. Ich umfasse ihn, zu dem ich mich wende[11].

---

[9] *Buber,* Werk I: Schriften zu Philosophie, Heidelberg und München 1962, 81.
[10] *Buber,* Begegnung. Autobiographische Fragmente, Stuttgart 1960, 32.
[11] A. a. O., 32 f.

Angesichts der Zurückhaltung Bubers gegenüber jeder Form von emphatischer Mystik wiegt es doppelt schwer, daß er die Wendung wagt, wonach ihm damals das Gespräch „erschienen" sei; denn dieser Ausdruck kommt dem Eingeständnis gleich, daß es sich um ein intuitives Erlebnis handelte, wie es auch im Falle des *Anselm von Canterbury,* des *Nikolaus von Kues* und *Pascals* mit der Konzeption einer grundlegend neuen Denkform verbunden war. Darin liegt die tiefere Bedeutung der Episode. Aus ihr ging der Dialogiker Buber hervor.

Die zweite, ‚Eine Bekehrung' überschriebene Szene gibt Aufschluß über die überraschende Zurückhaltung des Sammlers und Deuters des chassidischen Erbes und des Verfassers der ‚Ekstatischen Konfessionen' (von 1921), einer Sammlung mystischer Texte aus verschiedenen Religionen und Jahrhunderten, dessen Denken insgeheim die „Schechina", die Vorstellung von der göttlichen Einwohnung in der Gemeinschaft der Glaubenden, umkreist. Anlaß der Bekehrung, die sich im Falle Bubers radikal anders ausnimmt, als von der Verifizierung dieses Begriffes durch *Paulus* oder *Augustinus* her zu erwarten ist, war ein Besuch bei dem „Orakel, das mit sich reden läßt", zu welchem er schon in vergleichsweise jungen Jahren für Nah- und Fernstehende geworden war. Der gleichfalls noch junge Fragesteller findet bei Buber auch freundliche Aufnahme, doch ohne die volle Präsenz des Befragten, der noch ganz von einem Erlebnis „religiöser Begeisterung" hingenommen ist. So unterläßt er es, die ihm nicht gestellten Fragen zu erraten, um später, als der Fragesteller schon im Weltkrieg gefallen war, zu erfahren, daß dieser „nicht beiläufig, sondern schicksalhaft" zu ihm gekommen und letztlich leer ausgegangen war:

> Seither habe ich jenes „Religiöse", das nichts als Ausnahme ist, Herausnahme, Heraustritt, Ekstasis, aufgegeben oder es hat mich aufgegeben. Ich besitze nichts mehr als den Alltag, aus dem ich nie genommen werde. Das Geheimnis tut sich nicht mehr auf, es hat sich entzogen oder es hat hier Wohnung genommen, wo sich alles begibt, wie es sich begibt [12].

Freilich wird zu diesem einschneidenden Erlebnis auch noch die Tatsache hinzugenommen werden müssen, daß die Geschichte der Mystik, von der Ostia-Vision *Augustins* abgesehen, nur von mystischen Erfahrungen einzelner zu berichten weiß, so

---

[12] A. a. O., 37. Mit dem Stichwort „Wohnung" spielt der Text leise, aber unüberhörbar auf das Motiv der Schechina an.

daß sich Mystik und Dialogik auszuschließen scheinen. Die Abkehr Bubers von der ekstatischen Religiosität steht somit in einem inneren Zusammenhang mit seiner Entwicklung zum Dialogiker und zu dem Schlüsselsatz der ersten Episode: „Damals erschien mir das Gespräch."

Von einer ähnlichen Wende handelt auch die dritte Episode, ‚Samuel und Agag' überschrieben. Betraf die „Bekehrung" den Dialogiker, so diese den Übersetzer Buber und sein Verhältnis zur ‚Schrift'. Auch hier ist das auslösende Ereignis ein Gespräch, diesmal mit einem in strenger Gesetzestreue lebenden Juden, das sich der Perikope des Samuelbuches über die Verwerfung Sauls zuwendet, dem (nach 1 Sam 15) das Königtum entzogen wird, weil er entgegen dem ihm erteilten Auftrag den Amalekiterfürsten Agag, den er besiegte, am Leben ließ. Buber gesteht seinem Gesprächspartner, daß er schon als Junge ein Grauen bei der Stelle empfunden habe, an der der gefesselte König mit dem Wort „Sei's drum, schon wich des Todes Bitterkeit", auf Samuel zugeht, um von diesem „in Stücke gehauen" zu werden, und er erklärt ihm schließlich: „Ich habe nie glauben können, daß dies eine Botschaft Gottes sei. Ich glaube es nicht", er sei vielmehr der Ansicht, „daß Samuel Gott mißverstanden" habe. Zornig erwidert ihm sein Gegenüber: „So? Sie glauben es nicht?" Darauf schweigen beide:

> Nun aber begab sich etwas, dessengleichen ich vorher und nachher in diesem meinem langen Leben nur selten gesehen habe. Das zornige Gesicht mir gegenüber wandelte sich, wie wenn eine Hand beschwichtigend darüber gefahren wäre. Es erhellte sich, klärte sich, war nur hell und klar mir zugewandt. „Nun", sagte der Mann mit einer geradezu sanften Deutlichkeit, „das meine ich auch"[13].

Und Buber kommentiert diesen wahrhaft erstaunlichen Vorgang mit der Bemerkung, es sei am Ende nichts Erstaunliches, daß ein gesetzestreuer Mann dieser Art, wenn er zwischen Gott und der Bibel zu wählen habe, Gott wählt: „den Gott, an den er glaubt, den, an den er zu glauben vermag"[14]. Und er fügt dem einen Gedanken hinzu, der nicht nur einen bewegenden Blick in sein Gewissen als Übersetzer verstattet, sondern auch einen wichtigen Fingerzeig für eine Aktualisierung des Inspirationsbegriffes gibt:

---

[13] A. a. O., 45.
[14] Ebd.

> Es geht letztlich nicht darum, daß diese oder jene Person der biblischen Geschichtserzählung Gott mißverstanden hat; es geht darum, daß in dem Werk der Kehlen und der Griffel, aus dem der Text des „Alten Testaments" entstanden ist, sich wieder und wieder Mißverstehen ans Verstehen heftete, Hergestelltes sich mit Empfangenem verquickte. Wir haben kein objektives Kriterium für die Scheidung; wir haben einzig den Glauben, – wenn wir ihn haben. Nichts kann mich an einen Gott glauben machen, der Saul bestraft, weil er seinen Feind nicht ermordet hat. Und doch kann ich auch heute noch den Abschnitt, der dies erzählt, nicht anders als mit Furcht und Zittern lesen. Aber nicht ihn allein. Immer, wenn ich einen biblischen Text zu übertragen oder zu interpretieren habe, tue ich es mit Furcht und Zittern, in einer unentrinnbaren Schwebe zwischen dem Worte Gottes und den Worten der Menschen [15].

Bestimmende Bedeutung für Bubers Lebensgeschichte und geistig-religiöse Physiognomie kommt noch zwei weiteren „Begegnungen" zu, wenngleich auf ganz unterschiedliche Weise. Die eine ‚Sache und Person' überschrieben, berichtet von seiner Teilnahme am sechsten Zionisten-Kongreß (von 1902), bei dem *Theodor Herzl* eine „fulminante Rede" gegen die Opposition gehalten und darin die Grenze der Sachlichkeit fühlbar überschritten hatte. Beim Versuch, sich zu rechtfertigen, sagt er in „leidenschaftlichem, aber lächelndem Ton", daß er seinen Gegner noch ganz anders „vorgenommen" hätte, wenn da nicht zwischen beiden dessen Braut gestanden hätte, die ihn, Herzl, fortwährend „mit diesen ihren Augen" angeblitzt habe.

Die Szene liest sich zunächst wie eine Rechtfertigung von Bubers anfänglicher Zugehörigkeit zur zionistischen Bewegung, der es um die Wiederherstellung der religiös-kulturellen, aber auch politisch-staatlichen Sonderheit des Judentums ging und zu der Buber kurz von der Jahrhundertwende gestoßen war. Später urteilt er leicht distanziert darüber:

---

[15] A. a. O., 46 f. Mit dem Begriffspaar „Verstehen und Mißverstehen" verweist *Buber* auf den innerbiblischen Prozeß, der die mehr oder minder geglückte Rezeption der Botschaft durch die Autoren und die hinter ihnen stehenden Gruppen betrifft. Daß sich dabei in das Verstehen auch Mißverständnisse einmischen, wird neutestamentlich durch die wiederholte Klage Jesu über die beschränkte Fassungskraft der Jünger bestätigt und durch die offenkundig an seinen Intentionen vorbeigehenden, wenngleich ihm in den Mund gelegten „Auslegungen" einzelner Gleichnisstücke (wie etwa Mk 4, 13–20 oder Mt 13, 36–43) dokumentiert. Ein in diesem Sinne modifizierter Inspirationsbegriff wird weniger auf die „Richtigkeit" als vielmehr auf die „Authentizität" der biblischen Texte abheben und demgemäß auch mit „echter" Wiedergabe von unzulänglichen oder überfremdenden Auffassungen zu rechnen haben.

Daß mich der Zionismus erfaßte und dem Judentum neu angelobte, war nur ein erster Schritt. Das nationale Bekenntnis allein verwandelt den jüdischen Menschen nicht ... Wem es aber nicht ein Genügen, sondern ein Aufschwung, nicht eine Einfahrt in den Hafen, sondern eine Ausfahrt aufs offene Meer ist, den vermag es wohl der Verwandlung zuzuführen. So ist es mir ergangen[16].

Jetzt aber, in der Episode mit Herzl, war ihm aufgegangen, daß gegenüber der charismatischen Führergestalt, die ihm hier entgegentrat, mit den Kategorien von Sachlich und Unsachlich nicht durchzukommen war:

Aber die Braut mit den blitzenden Augen! Das ist denn doch wohl schlimme Unsachlichkeit?! Ich weiß nicht. Sollte nicht etwa durch diesen Eindruck, daß sein Gegner einen, sei's auch nur einen, Menschen hatte, der so für ihn einstand, Herzl von der Frage angewandelt worden sein, ob es nicht doch noch eine andere Wirklichkeit gebe als die der offenbaren Weltgeschichte, eine verborgene, ohnmächtige, weil eben nicht zur Macht gelangte? und ob es nicht also wohl auch Berufene geben könne, die nicht zur Macht auserwählt worden sind und doch das Wesen von Berufenen haben[17]?

Unverkennbar spricht Buber hier in eigener Sache, besser gesagt, gerät ihm die Beschreibung der Szene, wie dies auch dem ihm in mehr als einer Hinsicht vergleichbaren *Guardini* bei seiner Würdigung Pascals widerfuhr, zu einem unwillkürlichen Selbstporträt[18]. In der Alternative von politischer Macht und der Ohnmacht des für die Sache des Menschen und der Menschlichkeit Engagierten wählt Buber die Partei des Machtlos-Menschlichen. Er setzt damit auf die Revolution der Herzen und der Denkungsart *(Kant)* anstatt auf den revolutionären Umsturz der politischen Verhältnisse.

Wie ein Epilog dazu liest sich der die „autobiographischen Fragmente" beschließende Abschnitt ‚Bücher und Menschen'[19]. Nur geht es hier nicht um den Gegensatz von Mensch und Politik, sondern von Welt und Geist. So sehr ihn die durch Bücher vermittelte Entrückung in das „Paradies der hohen Geister" beglücke, fühle er sich doch mehr der Welt als dem Geist verpflichtet:

---

[16] *Buber*, Mein Weg zum Chassidismus (von 1917), in: Werk III, 967f.
[17] Begegnung, 27.
[18] Dazu meine Studie ‚Interpretation und Veränderung. Werk und Wirkung Romano Guardinis', Paderborn 1979, 149f.
[19] Begegnung, 53ff.

Verhaftet bin ich ihm gewissermaßen wie mir selbst, aber ich liebe ihn nicht eigentlich, ebenso wie ich mich nicht eigentlich liebe. Eigentlich liebe ich nicht den hier, der mich mit seiner Himmelspratze gepackt hat und festhält, sondern sie da drüben, die doch immer wieder an mich herantritt und mir ein paar Finger reicht, die „Welt". Beide haben sie Gaben zu verteilen. Er spendet mir sein Manna, die Bücher, sie hat ein Braunbrot für mich bereit, an dessen Rinde ich mir die Zähne ausbeiße und dessen ich nie satt werde, die Menschen[20].

Demgegenüber gibt die andere Szene, ‚Bericht von zwei Gesprächen' betitelt, die ursprünglich der Studie ‚Gottesfinsternis' (von 1953) vorangestellt war, Aufschluß über Bubers Gottesverhältnis[21]. Im zweiten dieser Gespräche versucht Buber auf den zornigen Vorwurf zu antworten, daß er in seinen Schriften immer wieder von Gott rede, ohne das damit gemeinte Erhobensein „über alles menschliche Greifen und Begreifen" zu vermitteln, so daß das Heilige damit dem beliebigen Zugriff ausgeliefert werde. Aus der fließenden Helle des Frühmorgens, während dessen das Gespräch stattfand, fühlte der Angegriffene plötzlich eine Kraft in sich einziehen, die ihm in etwa die folgenden Worte eingibt:

Ja, es ist das beladenste aller Menschenworte. Keins ist so besudelt, so zerfetzt worden. Gerade deshalb darf ich darauf nicht verzichten. Die Geschlechter der Menschen haben die Last ihres geängstigten Lebens auf dieses Wort gewälzt und es zu Boden gedrückt; es liegt im Staub und trägt ihrer aller Last ... Wo fände ich ein Wort, das ihm gliche, um das Höchste zu bezeichnen! Nähme ich den reinsten, funkelndsten Begriff aus der innersten Schatzkammer der Philosophie, ich könnte darin doch nur ein unverbindliches Gedankenbild einfangen, nicht aber die Gegenwart dessen, den ich meine, dessen, den die Geschlechter der Menschen mit ihrem ungeheuren Leben und Sterben verehrt und erniedrigt haben. Ihn meine ich ja, ihn, den die höllengepeinigten, himmelstürmenden Geschlechter der Menschen meinen. Gewiß, sie zeichnen Fratzen und schreiben ‚Gott' darunter; sie morden einander und sagen „in Gottes Namen". Aber wenn aller Wahn und Trug zerfällt, wenn sie ihm gegenüberstehen im einsamsten Dunkel und nicht mehr ‚Er, er' sagen, sondern ‚Du, Du' seufzen, ‚Du' schreien ..., und wenn sie dem hinzufügen ‚Gott', ist es nicht der wirkliche Gott, den sie alle anrufen, der Eine Lebendige, der Gott der Menschenkinder? Ist nicht er es, der sie *hört!* Das Wort ‚Gott', das Wort des Anrufs,

---

[20] A. a. O., 54. Wichtig ist hier das Geständnis *Bubers*, daß er im Grunde zur Selbstliebe unfähig sei, weil dieses Geständnis als Nachwirkung des kindlichen Traumas verstanden werden kann.
[21] A. a. O., 38–44.

das zum *Namen* gewordene Wort, in allen Menschensprachen geweiht für alle Zeit[22]?

Hier schließt sich, genauer besehen, der Ring zum traumatischen Erlebnis des Kindes, dem gesagt wird, daß die Mutter „niemals" zurückkehren werde und dem damit die Ermangelung des Urvertrauens auf seinen ganzen Lebensweg mitgegeben wird. Von dieser traumatischen „Ermangelung" her leidet Buber an einem schier unstillbaren Wirklichkeitshunger, der ihn in der Alternative zwischen Idee und Sein, Lehre und Leben, Bibel und Gott stets das Wirkliche wählen läßt und insbesondere sein Glaubensverständnis prägt. Wenn für ihn das Christentum zur großen Herausforderung wird, dann nicht etwa aus konfessionellen oder, was angesichts der quälenden Frage nach den Wurzeln des Antisemitismus noch nähergelegen wäre, aus zeitgeschichtlichen Gründen, sondern aufgrund seiner Meinung, daß der Christenglaube dem geglaubten und satzhaft umschriebenen Inhalt den Vorzug von der gläubigen Einwurzelung in der Gotteswirklichkeit gebe, wie er sie in der jüdischen Glaubensform gegeben sah.

Gleichzeitig schlägt dieser Text die Brücke zu einem Band der Insel-Bücherei (Nr. 639), in welchem Buber paradigmatische Texte aus seinen religionsgeschichtlichen Schriften zusammenstellte, die unter dem Titel ‚Stationen des Glaubens' (von 1956) den für ihn vorbildhaften Gang der Glaubensgeschichte Israels nachzeichnen. Der erklärten Absicht des Autors zufolge soll im Durchgang durch diese „Stationen" das Werden des „kühnen, ringenden, mitwirkenden" Vertrauensglaubens jüdischer Prägung zum Vorschein kommen. Doch bietet er dabei unwillkürlich auch ein Bild seines eigenen Glaubensverständnisses, das sein Profil, wie der Schlußabschnitt ‚Jesus und die Pharisäer' deutlich macht, nicht zuletzt in der Auseinandersetzung mit der christlichen Glaubensform gewinnt[23]. Erneut bestätigt sich damit die Beobachtung, daß sich Buber bisweilen in einem Grad dem Dialoggeschehen ausliefert, daß ihm die Darstellung des „Anderen" zum Selbstporträt gerät[24].

---

[22] A.a.O., 43.

[23] Stationen des Glaubens, Wiesbaden 1956, 59–81.

[24] Dazu nochmals das S. 17 Gesagte.

3.
Paradigmatische Glaubensgeschichten

Buber stellt seinen ‚Stationen des Glaubens' eine nachgerade bekenntnishafte Bestimmung von „Glaube" voran, die mehr durch ihren Ton als durch eine ausdrückliche Versicherung zeigt, wie sehr er den in seiner Schrift durchschrittenen Weg der Glaubensgeschichte Israels als ein „Mitgehender" und nicht etwa als religionsgeschichtlicher Beobachter beschreibt. Für ihn bedeutet Glaube, wie für sein Volk, Vertrauen:

> Vertrauen im unbedingten Sinn, quer durch Unheil und Verderben, nicht „blindes", vielmehr sehendes, einsehendes Vertrauen, nicht „ergebenes", vielmehr kühnes, ringendes, mitwirkendes, scheint mir das höchste Gut zu sein, das im menschlichen Dasein erlangt werden kann[25].

Den Durchbruch zu dieser Glaubensform vollzieht Abraham, der für die Ausgangsstation der Glaubensgeschichte Israels steht und somit auch für Buber der „Vater des Glaubens" ist. Er erfährt einen Weg- und Führergott, der sich nicht nur, wie der ägyptische Sonnengott Amon am Tag, oder der babylonische Mondgott Sin bei Nacht, sondern jederzeit als Wegbereiter und Schützer erweist:

> Ein Gott, dessen Licht nicht erlischt. Ein Gott, dem man vertraut, weil man von ihm angeredet worden ist. Ein Gott, der einem *sagt,* daß er einen führt[26].

Das ist ein Gott, der „schützt, wie er schützen will, und ... führt, wohin er führen will". Ein Gott, der dann, wie im Fall Abrahams, auch absondert und zur Trennung nötigt; denn „das Herausholen gehört zum Wesen dieses Gottes von Anfang an wie das Führen"[27]. Schon hier kündet sich das „emanzipatorisch-befreiende" Wirken dieses Gottes an, das beim Auszug aus Ägypten seinen Höhepunkt erreicht, schon hier aber auch die seinen Erwählten bisweilen auferlegte Entfremdung, die in dramatischer Steigerung das Schicksal seiner Propheten ausmacht.

Unter den Szenen, die sich auch hier von der Stationenfolge abheben, steht, wie es sich durch ihren Rang ergibt, die vom brennenden Dornbusch an der Spitze[28]. Wie es vom Volk heißen wird:

---

[25] A.a.O., 5.
[26] A.a.O., 8.
[27] A.a.O., 9.
[28] A.a.O., 10–17; 17–20.

„eine Gestalt habt ihr nicht gesehen, sondern nur eine Stimme vernommen (Dtn 4,12), gewahrt auch Mose „keine Gestalt", sondern lediglich den in und mit dem Wunderfeuer, das brennt, ohne zu verzehren, aufscheinenden Gottesboten. Der Bericht durchbricht alle mythologischen und literarischen Vergleichsmodelle, indem er auf die Vision die Audition folgen läßt. Aber auch von innerbiblischen, ja von Mose selbst handelnden Vergleichsstellen hebt sich die Szene dadurch ab, daß der Schauende beim Namen gerufen und dadurch in Verbindung mit dem ihn erwählenden Gott gebracht wird[29]. Das übt einen eigentümlichen Sinndruck auf den Fortgang des Geschehens aus. Fürs erste erfährt Mose, „wer es ist, der ihm erscheint; er erkennt ihn wieder"[30]. So vollzieht sich die Identifizierung des von ihm mitgebrachten Gottes mit dem des heiligen Ortes, der ihm aus dem brennenden Busch entgegentritt. Doch das ist für den, der beim Namen gerufen wurde, nicht genug.

Es ist vielmehr – und darin besteht der Kern der Szene – der Erwählte und Angerufene selbst, der die wesentlichere Enthüllung erzwingt. Indem er seinem Volk unterstellt, daß es ihn nach dem Namen des Erscheinenden befragen werde, erzwingt er die Selbstbenennung seines göttlichen Gegenüber; doch zielt er mit seiner Frageintention nicht auf den „Lautbestand des Namens", sondern auf das dem Namen innewohnende Geheimnis, das man schutzsuchend anrufen und machtvoll beschwören kann. Nur so entspricht es einer Denkweise, die durch die Kenntnis des Namens Macht über den damit angerufenen Gott zu gewinnen hofft[31]. Dem kommt der antwortende Gott auf unerhoffbare Weise dadurch zuvor, daß er sich in seiner Namennennung als derjenige erweist, der immer schon da ist und je und je da sein wird. Er braucht also, er kann nicht beschworen werden:

> Was hier berichtet wird, ist, religionsgeschichtlich betrachtet, die Entmagisierung des Glaubens: in der Selbstverkündigung des bei den Seinen daseienden, ihnen gegenwärtig bleibenden, des mitgehenden Gottes. Die Befreiung, der Zug durchs Meer, Wolken- und Feuersäule, das Zelt und die Lade, Wüstengang und Landnahme, alles ist hierin schon beschlossen. Das ist ein Gott, den, wie kein Bann eines Wesens, so auch kein Bann der Elemente hält; der viele Stätten wählt, aber keiner angehört, weil auch die

[29] A.a.O., 13.
[30] A.a.O., 17.
[31] A.a.O., 18.

Himmel ihn nicht fassen (1 Kön 8,27); der der Welt, die er geschaffen hat, beisteht; der seine oberen und unteren Scharen durch die Kämpfe und Heilstaten der Geschichte führt; der seinen „Weg" (Ex 33,13) geht und will, daß der Mensch ihm darauf folge ...; das ist der lebendige Gott, der „König der Völker", der „König auf Weltzeit" (Jes 10,7.10)[32].

Im Sinne seines Glaubensverständnisses hätte Buber dem noch hinzufügen können: Das ist der Gott, dem man sich bedingungslos anvertrauen und über-antworten darf.

Dem schließt sich, unterbrochen durch eine Reflexion über den ‚Eifernden Gott', die zeigt, wie schwer sich Buber mit dem Gedanken des jüdischen Rächer- und Rachegottes tut, die Betrachtung über den ‚Glauben Israels' an, die sich wie eine Zusammenfassung der auf den durchschrittenen Stationen gewonnenen Erkenntnis ausnimmt[33]. Sie beginnt mit einer entschiedenen Verneinung jedes essentiellen Zuwachses an Gotteserkenntnis während der vom Auszug bis zum Exil durchmessenen Zeit[34]. Allenfalls gab es ein Wachstum im Sinne der Explikation dessen, was anfänglich eher implizit geglaubt wurde. Dann aber wendet sich die Überlegung einer Qualitätsbestimmung zu. Die Einzigkeit des Gottes Israels ist keine zählbare Größe. Sie bezieht sich vielmehr auf die „Ausschließlichkeit, die im Glaubensverhältnis waltet, wie sie in der wahrhaften Liebe zwischen Mensch und Mensch waltet", genauer noch: auf die „Ganzheitsgeltung und Ganzheitswirkung der Ausschließlichkeit"[35]. So konstituiert sich ein Gottesglaube, der für das ganze Leben gilt und der dieses Leben ganz durchwirkt. In ihm vollzieht sich die gläubig-vertrauende „Annahme" der göttlichen Selbstzusage, der Kundgabe eines Gottes, der für die Seinen „da ist". Entscheidend ist dabei nicht so sehr die Einzigkeit dieses Gottes als vielmehr die Wahrnehmung des anrufenden und entgegnenden „Du" in der Beziehung zu ihm, deutlicher noch gesagt, das zu ihm im Glauben gewonnene „Realverhältnis"[36].

Kaum irgendwo kommt Buber der modernen Religionsphilosophie so nah wie in dieser Position, die sich wie die lange schon vorgegebene Antwort auf die Frage nach Wegen der „Kontingenz-

---

[32] A.a.O., 19f.
[33] A.a.O., 30–34; 34–38.
[34] A.a.O., 34ff.
[35] A.a.O., 36.
[36] A.a.O., 37.

bewältigung" ausnimmt[37]. Wenn es im religiösen Akt letztlich um den Versuch geht, dem durch und durch bedingten Dasein des Menschen Halt und Befestigung im Unbedingten zu verleihen, wird hier der Weg zur Gewinnung des gesuchten „Realverhältnisses" gewiesen. Gleichzeitig bereitet sich hier aber auch schon die Bubersche Kritik des Christentums vor, dem er entgegenhält, in eine „Glaubensweise" verfallen zu sein, der das Wissen wichtiger ist als die Wirklichkeit und die sich dadurch ebenso vom Glauben der Propheten wie von dem seines Stifters entfernte.

Wie aber verhält es sich mit dem ‚Glauben der Propheten' konkret? Aus der diesem Thema gewidmeten Schrift, die der Geschichte dieses Glaubens bis in ihre ersten Anfänge nachgeht und dabei insbesondere auf die Entwicklung des Gottesverhältnisses achtet, wählt Buber neben anderen Motiven die Berufungsvision des Jesaja und Jeremia aus, um das Profil des prophetischen Glaubens genauer zu bestimmen[38]. Im Zentrum der Jesaja-Vision steht die Erfahrung des Heiligen in seinem Doppelaspekt als Absonderung und Einstrahlung:

> In dieser Doppelheit von Abgelöstsein und Verbundensein ist die eigentümliche Mächtigkeit begründet, die sich in diesem Begriff ausspricht: Jahwe ist völlig weltmächtig, weil er zwar unbedingt von der Welt gesondert, aber in keiner Weise ihr entzogen ist. Und eben deshalb bietet dieser Begriff die Möglichkeit, eine neue und höchste Forderung der Nachahmung Gottes durch ihn auszudrücken: daß Israel heilig werde, weil sein Gott heilig ist[39].

Fürs erste erfährt der Prophet die abweisende, zurückschrekkende Wucht und Furchtbarkeit dessen, was der Begriff „heilig" zum Ausdruck bringt. Unter dem Eindruck dieser abweisenden „Wucht" entringt sich dem Schauenden der Aufschrei:

> Weh mir; ich muß schweigen; denn ich bin ein Mann mit unreinen Lippen und wohne unter einem Volk mit unreinen Lippen und habe dennoch den König, den Gott der Heerscharen, mit eigenen Augen gesehen! (Jes 6,5).

Und dies, obwohl er doch – genauso wie die den Gottesthron umstehenden Seraphe – nur den Saum des Gewandes erblickt

---

[37] In diesem Stichwort kommt sowohl die Religionsphilosophie *Niklas Luhmanns* wie diejenige *Hermann Lübbes* überein.
[38] A.a.O., 38–44; 51–56.
[39] A.a.O., 40.

hatte[40]! Gleichwohl bringt Buber die „unreinen Lippen" des aufschreienden Propheten nicht mit dem an ihn ergehenden Auftrag, „Mund Gottes" zu sein, in Verbindung, da dieser Auftrag ja noch gar nicht an ihn ergangen sei. Vielmehr hört er aus dem Schrei des Propheten die Befürchtung heraus, mit seinem „unreinen Atem" die „von heiligem Rauch geschwängerte Luft des Heiligtums" zu trüben:

> Erst die Handlung des Seraphen, der, selber von Feuersart, mit dem Glühstein vom goldnen Altar Jesajas Lippen und damit sein Inneres ausläutert und so seine Versündigung sühnt, meint die Lippen auch als das mögliche Gefäß der Gottesbotschaft[41].

Was dann geschieht, liegt nicht auf der Linie sonstiger Berufungen, bei denen die Widerstrebenden wie Mose und Jeremia durch die Wucht ihrer Gotteserfahrung überwältigt und in Pflicht genommen werden. Hier will Gott vielmehr dem Menschen etwas so „übermäßig Schweres" zumuten, daß es dessen freier Entscheidung überlassen bleibt, ob er den Auftrag übernimmt. Deshalb die „offene" Frage aus der numinosen Höhe des Heiligtums: „Wen soll ich senden? Wer wird für uns gehen?" (Jes 6,8). Und der durch diese Frage mehr noch als durch die vorangegangene Reinigung verwandelte Prophet bietet sich, so Buber, ungefragt „als Sendling an und wird ausgesandt"[42]. Ein Dialog also, der von dem rufenden – nicht anrufenden – Gott zwar „eröffnet", vom – ungerufenen – Menschen aber „aufgenommen" wird, weil das, was im Namen dieses Gottes zu sagen ist, in seiner Furchtbarkeit die menschliche Tragekraft so sehr übersteigt, daß die Annahme des Auftrags nur durch die freie Selbstentschließung des Erwählten zustande kommt.

Demgegenüber steht Jeremia für den Prophetentypus, der ungeachtet anfänglicher Weigerung von Gott nahezu gewaltsam in Dienst genommen und „ermündigt" wird. Diese Übermächtigung aber geht eher in die „Tiefe" des Erwählten, als daß sie ihn in Fesseln schlägt. Und das besagt: seine Berufung hat den Charakter einer Um- und Neuerschaffung. Ihr geht ein „Erkanntsein" durch

---

[40] Die von *Buber* gewählte Übersetzung „ich bin geschweigt" anstelle der üblichen „ich bin verloren" entspricht dem Übersetzungsvorschlag *Klaus Baltzers* in seiner ‚Biographie der Propheten' (Neukirchen-Vluyn 1975, 110): „Weh mir, ich muß schweigen!"

[41] A. a. O., 42.

[42] A. a. O., 43.

Gott voran, und sie wird von einer „Heiligung" durch ihn begleitet[43]. Unerwähnt läßt Buber den feinsinnigen Zug, daß dieser Schöpfungsakt auch im Sinne eines „Spracherwerbs" beschrieben wird. Um sich dem an ihn ergangenen Ruf zu entziehen, wendet Jeremia, ähnlich wie dies im Fall des Mose geschehen war, ein:

Ach, mein Gott und Herr, ich kann doch (noch?) nicht reden; ich bin ja noch so jung! Aber der Herr erwiderte: Sag nicht, ich bin noch so jung (Jer 1,6)[44].

Gott aber weist diesen Einwand mit einem Akt schöpferischer „Ermündigung" zurück:

Sag nicht: Ich bin noch so jung. Wohin ich dich sende, dahin sollst du gehen, und was ich dir auftrage, sollst du verkünden (Jer 1,7). Und während er an seinem Mund die Berührung eines Fingers spürt, hört er weiter: Ich gebe meine Rede in deinen Mund, sieh, ich verordne dich an diesem Tag über die Völker, über Königreiche, auszureuten, einzureißen, abzuschwenden, hinzuschleifen, zu bauen, zu pflanzen (Jer 1,9f)[45].

Hier wird der Prophet, der im ersten Augenblick der Überwältigung nur kindliche Lall- und Stammellaute herausgebracht hatte, buchstäblich einer göttlichen „Alphabetisierung" unterzogen. Das zeigt sich, wie dann insbesondere in den „Konfessionen" – den konfessorisch-autobiographisch getönten Redestücken – des Jeremia deutlich wird, darin, daß mit dem Werk dieses Propheten ein neues Kapitel der Sprachgeschichte beginnt, mit dem der weltbeschreibenden Sprache als gleichberechtigter Redemodus eine subjektbezogene „konfessorische" gegenübertritt[46].

Ergreifend ist, wie der Aufschrei des mit seiner Sendung Geschlagenen und doch vergeblich gegen den göttlichen Auftrag Aufbegehrenden, das Wort an den Schreiber Baruch, der unter dem Eindruck des Diktats in Trostlosigkeit zu versinken droht[47]. Es ist ein Wort, das zugleich als Schlußwort an und über den Propheten gelten kann, weil es sich wie eine Vorahnung von dessen tragischem Ende ausnimmt:

---

[43] *Buber*, Der Glaube der Propheten, Zürich 1950, 237.
[44] Dazu *Joseph Schreiner*, Jeremia (Die Neue Echter-Bibel), Würzburg 1981, 14f.
[45] *Buber*, a.a.O., 52.
[46] Dazu *Gerhard von Rad*, Die Botschaft der Propehten, München und Hamburg 1967, 166–171; ferner mein Essay ‚Menschsein und Sprache', Salzburg 1984, 36–42.
[47] *von Rad*, a.a.O., 173f.

So spricht Jahwe: Siehe, was ich aufgebaut habe, reiße ich nieder, und was ich gepflanzt habe, reiße ich aus, ja die ganze Erde werde ich schlagen. Und da verlangst du Wundertaten für dich? Verlange es nicht! (Jer 45,4 f)[48].

Obwohl die Bitte um den besonderen Schutz abschlägig beschieden wird, hält das Wort doch zwischen Verweigerung und Trost eine schwebende Mitte. Es ist der Trost eines Gottes, der sich zwar dem an ihn gerichteten Wunsch versagt, dafür aber den darum Bittenden in ein solidarisches Verhältnis zu sich zieht. Es ist der Trost, wie ihn der Freund dem Freund zuspricht, wenn er ihm, aus welchen Gründen immer, nicht helfen kann.

Die letzte Glaubensstation findet Buber im Verhältnis Jesu zu den Pharisäern[49]. Es ist der einzige Abschnitt aus der christentumskritischen Schrift ‚Zwei Glaubensweisen' (von 1950), der den ‚Stationen' zugeordnet und so mit dem Glauben Abrahams, der Gottesoffenbarung am brennenden Dornbusch und den Berufungsvisionen der Propheten auf eine Linie gezogen wurde. Der Textabschnitt zeigt Buber in der bisher kaum berührten Rolle des „konstruktiven Kontroverstheologen", der jedoch die im Titel anklingende Auseinandersetzung mit dem Christentum weder in polemischer noch, wie es kurz nach Bekanntwerden der nationalsozialistischen Greueltaten nur zu verständlich gewesen wäre, in „aufrechnender" Absicht, sondern ausschließlich im Interesse religiöser Identitätswahrung sucht. In diesem Interesse grenzt er sich eingangs aufs nachdrücklichste von der fast schon zur Selbstverständlichkeit gewordenen Wiedergabe von „Thora" mit „Nomos" und „Gesetz" ab, die insbesondere auf das paulinische Denken „einen so tiefreichenden Einfluß ausgeübt" habe; denn:

Thora heißt in der hebräischen Bibel nicht Gesetz, sondern Weisung, Hinweisung, Unterweisung, Anweisung, Belehrung. More heißt nicht Gesetzgeber, sondern Lehrer. So wird Gott in alttestamentlichen Texten wiederholt genannt. „Wer ist ein Lehrer wie er"! wird Hiob apostrophiert

---

[48] Der Glaube der Propheten, 240; dazu auch ‚Gog und Magog', 144. In der Folge bekennt sich *Buber* zu einer abschwächenden Deutung der Konfessionen des Propheten, der, anders als *Augustin,* nicht „an seiner Person als solcher" interessiert sei (258). Doch läßt die ausdrückliche Nennung des Verfassers der ‚Confessiones' bei diesem Meister der Zwischentöne vermutlich darauf schließen, daß bei seiner „abwiegelnden" Deutung die Tendenz mit ins Spiel kommt, das Christentum auf das Judentum zurückzunehmen und nicht etwa dieses – wie in der christlichen Theologie üblich – auf das Christentum hin zu interpretieren.
[49] Stationen des Glaubens, 59–81.

(Hi 36,22), und der Prophet verheißt dem künftigen Zionsvolk: „Deine Augen werden deinen Lehrer sehen" (Jes 30,20)[50].

Dabei übersieht Buber keineswegs, daß die Vorentscheidung zu diesen Fehlübersetzungen schon im Judentum selber fielen, dies jedoch nicht durch einen Akt der übersetzungstechnischen Interpretation, sondern der für das Judentum grundlegenden Reproduktion, also durch jene Verschriftlichung der ursprünglich mündlich vorgetragenen Weisung, aus der die alttestamentlichen Bücher hervorgingen. Ähnlich wie vor ihm *Martin Luther* entwikkelt somit gerade der Bibelübersetzer Buber eine ihn von der übergroßen Mehrzahl der Exegeten abhebende Sensibilität für die restriktiven Tendenzen, die dem Verschriftungsvorgang innewohnen und dazu führen, daß der Text das mündlich Gesagte immer nur in qualitativer Kümmerform wiederzugeben vermag; daher das Eingeständnis:

> Es darf freilich nicht übersehen werden, daß in Israel, selbst von Anbeginn, schon mit dem Vorhandensein von Tafeln, erst recht mit dem einer „Urkunde des Bundes" (gewöhnlich mit „Bundesbuch" übersetzt) und gar einer „Heiligen Schrift" die Tendenz zur Objektivierung der Thora zunehmend an Boden gewann. Wir lernen die Früchte am besten aus Jeremias großer Anklage (8,8f) kennen, für den die geläufige Rede „Wir sind weise, die Thora Jahwes ist mit uns" ein Verschmähen des göttlichen Wortes bedeutet[51].

In der Grundschrift über den Glauben der Propheten, auf die diese Stelle zurückblickt, wird die schriftliche Dokumentation der Botschaft sogar ein Stück weit mit der als „Erzfeind des Glaubens" bezeichneten falschen Sicherheit in Zusamenhang gebracht. Denn das Buch wolle in seinem Bestand, „dem nichts hinzugefügt und nichts abgestrichen werden darf", ewig gelten; denn auf ewig sei in ihm „das Offenbarte niedergelegt", während „das andere, das Verborgene, Jahwe angehörig bleibt". Dem aber widerspreche das Wort Gottes selbst, das sich als das stets neu gesprochene, stets neu geschehende Wort, als verzehrendes Feuer und Felsen zerspellender Hammer versteht[52]. Und Buber bringt unter Berufung auf den Propheten die Erweckung solch falscher Sicherheit sogar ausdrücklich mit dem „Lügengriffel der Schreiber" zusammen, durch

---

[50] A.a.O., 60.
[51] A.a.O., 61.
[52] Der Glaube der Propheten, 243f.

den der Anruf des göttlichen Wortes „zur Lüge gemacht" worden sei (Jer 8,8)[53].

In dem Text ‚Jesus und die Pharisäer' spricht Buber aber vor allem von dem aus „Urglaubenstiefen" aufsteigenden Widerstand gegenüber dieser Erstarrung und Verdinglichung der Thora; und er sieht die Lehre Jesu „grundverwandt" mit dem „innerkritischen Prozeß des Judentums" und davon doch „in einem entscheidenden Punkt abgehoben". Denn der Gott Israels mahnt in fünffach eingeschärftem Gebot: „Ihr sollt heilig sein, denn ich bin heilig." Der entscheidende Satz der Berpredigt lautet dagegen: „Seid vollkommen wie euer himmlischer Vater vollkommen ist" (Mt 4,48). In dem Wechsel von „denn" zum „wie" liegt die fundamentale Differenz. Unter dem Einfluß der Gestaltungskräfte des anbrechenden Gottesreichs „kann nach Jesu Lehre der Mensch in seinem Streben nach Vollkommenheit an das Göttliche rühren"; Israel dagegen ist in seiner Offenbarungsstunde nur „zugemutet und zugetraut" worden, daß es „um der göttlichen Heiligkeit willen" die menschlich-eigene Vollkommenheit erlange[54].

Von da geht Buber sodann zur Erörterung der sechs Antithesen der Bergpredit über, die er im Unterschied zu den im wesentlichen zusammengehörenden Seligpreisungen für das Werk späterer Kompositionen hält, dies jedoch wiederum mit dem Unterschied, daß die letzte Dreiergruppe, die von der Ehescheidung, dem Prinzip der Vergeltung und von der Feindesliebe handelt, der ersten Dreiergruppe (Mord, Ehebruch, Eid) nachträglich angepaßt wurde[55]. Bei dieser ersten Gruppe geht es lediglich um die Überbietung der mit der Thora bereits verfügten Gebote, dort jedoch um eher gewohnheitsrechtliche Konzessionen, die Jesus mit seinem „Ich aber sage euch", das erst in diesem Kontext die volle „Mächtigkeit der Anrede" gewinnt, aus den Angeln hebt und umstößt.

Ihren Gipfel erreichen diese Antithesen im Gebot der Feindesliebe, das ebensosehr auf die „jüdische Glaubenswirklichkeit" zurückgreift, wie es sie überschreitet[56]. Die alttestamentliche Anordnung, auf die sich das Liebesgebot Jesu zurückbezieht, gilt

---

[53] A. a. O., 248.
[54] A. a. O., 63.
[55] A. a. O., 69. Zum heutigen Diskussionsstand siehe *G. Strecker*, Die Antithesen der Bergpredigt, in: Zeitschrift für Neutestamentliche Wissenschaft 69 (1978) 36–72.
[56] A. a. O., 71–81.

weder dem Maß noch der Art der geforderten Liebe; sie bedeutet vielmehr: „Verhalte dich so, als gelte es dir selber!“[57] Seine Basis hat dieses Gebot in der Liebeserfahrung, die Israel durch seinen Gott gewinnen durfte, als es noch „Gastsasse“ in Ägypten war. Deshalb muß auch der Gastsasse, der Fremde, geliebt werden. Und das wird dadurch ermöglicht, daß die durch Gott erweckte und erfahrene Liebe „zur Liebeshaltung zum Mitmenschen“ hinzutritt.[58]

Anders im Fall des Liebesgebotes Jesu. Danach schüttet Gott seine Naturgnaden unterschiedslos über alle, Gute und Böse, aus, und er verlangt durch den Mund seines Offenbarers, ihn darin nachzuahmen. Zwar wußte auch das Judentum: „Wer einen Menschen haßt, ist, als hasse er Ihn, der sprach und die Welt ward“[59]. Dennoch ist die Neigung, gerade auch der Frömmsten, groß, den Gottesleugner und Gotteshasser als persönlichen Feind zu betrachten und zu behandeln. Dieser Neigung setzt Jesus seine überbietende Antithese entgegen:

> Alles in allem, der Spruch Jesu von der Feindesliebe zieht seine Leuchtkraft aus der jüdischen Welt, in der er steht und die er zu bestreiten scheint; und er überstrahlt sie. So ist es wohl immer, wenn einer im Zeichen des Kairos das Unmögliche derart fordert, daß er die Menschen nötigt, das Mögliche stärker als vordem zu wollen[60].

„Liebt eure Feinde und betet für eure Verfolger, damit ihr Söhne eures Vaters im Himmel werdet“, das heißt für Buber soviel wie: „Die Menschen werden, was sie sind, Söhne Gottes, indem sie werden, was sie sind, Brüder ihrer Brüder.“[61] Damit gibt er zu verstehen, daß das Gebot der Feindesliebe für ihn zuletzt im Kontext einer „fortschreitenden Dynamisierung“ des Motivs der Gottessohnschaft gesehen werden muß. Denn nirgendwo sonst ist so wie hier „die Liebe zu den Menschen zur Voraussetzung der ver-

---

[57] A. a. O., 72; ebendies entdeckt *Kierkegaard* nach Ausweis einer der schönsten Stellen aus ‚Leben und Walten der Liebe‘ (I/II a) auch im Liebesgebot Jesu (Jena 1924, 19f).

[58] A. a. O., 74. Indirekt vertritt *Buber* damit die der Aggressionslehre von *Konrad Lorenz* widerstreitende „Überzeugung, daß das Urverhältnis des Menschen zu seinesgleichen, wie es sich schon aus seiner angestammten Sozialbindung ergibt, auf Solidarität angelegt ist“.

[59] A. a. O., 76.

[60] A. a. O., 78.

[61] Ebd.

wirklichten Gottessohnschaft gemacht, und zwar in der unerhört einfachen Gestalt dieses ‚damit', in der Gestalt also des jedem wahrhaft Liebenden offenen Zugangs"[62].

Deutlicher könnte kaum noch herausgestellt werden, warum der Abschnitt über das Verhältnis Jesu zu den Pharisäern den Schlußstein in der Abfolge der von Buber behandelten Glaubensstationen bildet. Denn mit diesem eingängigen Satz polemisiert er insgeheim gegen eine – die christliche – Auffassung, die den Aufstieg zum Rang der Gotteskindschaft an die Voraussetzung des Glaubens „an Jesus" bindet, wie sie etwa der Satz des Johannesprologs umschreibt: „Allen, die ihn aufnahmen, gab er die Vollmacht, Kinder Gottes zu werden, all denen, die an seinen Namen glauben" (Joh 1, 12). Indem er den Jesus der Bergpredigt demgegenüber mit dem „jedem wahrhaft Liebenden" offenstehenden Zugang in Verbindung bringt, zieht er ihn, kaum merklich, zu sich, zur jüdischen Glaubensweise, herüber. Das aber läßt sich im Vollsinn erst verdeutlichen, wenn der Unterschied der beiden so verwandten und zugleich grundverschiedenen „Glaubensweisen" ausdrücklich zur Diskussion gestellt wird. Im vorliegenden Zusammenhang galt es lediglich zu sehen, daß für Buber das, was mit dem Glauben Abrahams beginnt, in der kritischen Begegnung mit Jesus seine letzte Klärung erfährt[63].

4.
Denkerische Positionsbestimmung

Nach Vollendung der Schriften, die das Hauptmassiv seines Lebenswerkes bilden sollten, fühlte sich Buber genötigt, Rückschau auf den von ihm durchschrittenen Denkweg zu halten und sich gleichzeitig von vergleichbaren Positionen abzugrenzen. Ohne daß er es beabsichtigte, aber auch ohne daß er es verhindern konnte, geriet ihm diese unter dem Titel ‚Zur Geschichte des dialogischen Prinzips' (von 1954) veröffentlichte Rechtfertigung wiederum zu einem denkerischen Selbstporträt, das sich den

---

[62] A.a.O., 79.

[63] Das heißt, daß *Buber* in letzter Konsequenz Jesus als eine ‚diakritische' Gestalt, als eine Gestalt der Scheidung und Unterscheidung begreift; es heißt aber auch, daß er sich dabei bewußt ist, daß beides nur auf dem Boden einer Gemeinsamkeit zustande kommt.

autobiographischen Fragmenten und den ‚Stationen des Glaubens' fast gleichwertig angliedert. Der Text beginnt mit den gewichtigen Sätzen:

> Zu allen Zeiten ist wohl geahnt worden, daß die gegenseitige Wesensbeziehung zwischen zwei Wesen eine Urchance des Seins bedeutet, und zwar eine, die dadurch in die Erscheinung trat, daß es den Menschen gibt. Und auch dies ist immer wieder geahnt worden, daß der Mensch eben damit, daß er in die Wesensbeziehung eingeht, als Mensch offenbar wird, ja daß er erst damit und dadurch zu der ihm vorbehaltenen gültigen Teilnahme am Sein gelangt, daß also das Du-Sagen des Ich im Ursprung alles einzelnen Menschwerdens steht[64].

Der damit erhobene Anspruch wird deutlich, sobald man sich des unterschwelligen Antikartesianismus bewußt wird, der mit dieser Positionsbestimmung einhergeht. Die Tür zum Sein erschließt sich nicht im reflektierenden Denkakt, sondern im Gespräch. Mit diesem Grund-Satz stellt sich Buber in einer Weise gegen die neuzeitliche Denktradition, daß die Anrufung von Zeugen für seinen ebenso alten wie revolutionären Ansatz unerläßlich wird. In der Mit- und Auseinandersetzung mit ihnen tritt sein denkerisches Profil mit wachsender Deutlichkeit hervor. Denn bei aller Übereinkunft, insbesondere mit den ihm zeitgenössischen „Dialogikern", findet sich in der beträchtlichen Reihe von Vergleichsgestalten doch keine einzige, mit der er sich uneingeschränkt identifizieren könnte.

Das gilt schon für die beiden ersten, kritisch aufeinander bezogenen Kronzeugen, für *Jacobi* und *Feuerbach*. Die „Ahnung" des ersten betrifft die Erkenntnis, daß ohne das Du „das Ich unmöglich" ist und daß als „Quelle aller Gewißheit" die Einsicht zu gelten hat: „Du bist und Ich bin!" Dabei ist mit diesem Satz insofern nur eine „Ahnung" gegeben, als die angesprochene Gewißheit unentfaltet bleibt; denn im dialogischen Akt ist nicht nur die Existenz des Gesprächspartners, sondern ebenso auch die des redenden Subjekts und nicht zuletzt das Faktum des Gesprächs selbst nach Art einer unzweifelhaften Gegebenheit gewiß. Ungleich erfolgreicher als im „Cogito – sum" hätte die kartesianische Begründungsstrategie somit hier, im dialogischen Evidenzerlebnis, ansetzen können.

---

[64] *Buber*, Zur Geschichte des dialogischen Prinzips, in: Werke I: Schriften zur Philosophie, 293–305

In diese Richtung stößt dann allerdings die These *Feuerbachs* vor, daß das „Bewußtsein der Welt" durch das Du „vermittelt" werde, wobei lediglich die „Überbrückungsinstanz", das als welthafte Urgegebenheit anzusetzende Faktum des Redens, unerwähnt bleibt. Stattdessen entwickelt er eine Vorstellung, die in Bubers Sicht schon deswegen als sein Optimum zu gelten hat, weil sie auf emphatische Weise den Begriff des „Zwischenmenschlichen" vorwegnimmt. Das geschieht in dem von sichtlicher Begeisterung eingegebenen Satz, der die „Einheit von Ich und Du" – Gott nennt. Der Satz sei offensichtlich gegen *Jacobis* „Grundanschauung" gerichtet, wonach das Ich der „Stütze" im „liebenden Du", letztlich im liebenden Du Gottes bedarf. Anstatt nun aber die richtige Folgerung zu ziehen, daß die Einheit von Ich und Du das integrale Menschsein konstituiere, werde von Feuerbach eine „pseudomystische Konstruktion" eingeführt, der weder er selbst noch sonst jemand „echten Gehalt" abgewinnen konnte.

Mit reinigender Schärfe bricht in diese Verunklärung kurze Zeit danach *Sören Kierkegaard* ein, der sich mit der Kategorie des „Einzelnen" der ganzen Epoche in den Weg stellt. Nur leidet seine Position an einer bedenklichen Asymmetrie, da sich ihm zufolge Gott nur mit dem Einzelnen einlassen will, gleichgültig ob er „hoch oder gering, ausgezeichnet oder erbärmlich ist". Denn für ihn wird nicht umgekehrt dann auch das menschliche Du aufs göttliche hin transparent. Dem scheinmystischen Atheismus Feuerbachs tritt somit bei ihm eine theistische Frömmigkeit von „fast monadischer" Prägung entgegen. So aber entstand eine aporetische Situation, die mit Macht auf eine konstruktive Lösung hinwirkte, auch wenn diese Lösung, von wenigen Zwischengliedern abgesehen, dann bis in die Zeit des Ersten Weltkriegs hinein auf sich warten ließ[65].

In dieser „vesuvischen Stunde,", die das Denken drängte, sich in Einklang mit dem Existieren zu bringen, entdeckte der Neukantianer *Hermann Cohen,* daß mich erst das Du „zum Bewußtsein meines Ich" bringt, und daß es die „Persönlichkeit" ist, die „durch das Du an den Tag gehoben wird". Den vollen Durchbruch aber er-

---

[65] An „Zusatzzeugen" nennt *Buber* außer *William James* mit seinem Satz, daß das „Universum nicht bloß ein Es, sondern ein Du" sei, vor allem *Alexander von Villers,* der sich in seinen ‚Briefen eines Unbekannten' (von 1910) wiederholt zum Vorrang der Beziehung vor den Individuen und damit zu seinem Glauben an den „Zwischenmenschen" bekennt: Werke I, 289. Näheres dazu S. 78–85.

zielten erst *Rosenzweig* und *Ebner.* Der eine mit der Entdeckung der sprachphilosophischen Relevanz der an Adam gerichteten anthropologischen Urfrage „Wo bist du?" (Gen 3,9), mit dem sich Gott „als der Urheber und Eröffner dieses ganzen Zwiegesprächs zwischen ihm und der Seele" ausweist; der andere, Verfasser der in sein Buch ‚Das Wort und die geistigen Realitäten' (von 1921) eingegangenen „pneumatologischen Fragmente", durch die Erkenntnis, daß die ewig neue Setzung des Verhältnisses von Ich und Du in der Sprache erfolgt. Indessen ist diese Einsicht durch Ebners Unvermögen verschattet, das Du, das ihm in Gott gewiß war, auch im Menschen zu finden – eine „Unmöglichkeit", an der er „geistig zugrunde zu gehen" fürchtete.

Um so entschiedener ordnet sich dann Buber selbst der skizzierten Tradition zu, wobei er es an Hinweisen auf die Originalität seines Beitrags nicht fehlen läßt. Mit einer Anspielung auf *Descartes* gibt er zu verstehen, daß sein Ansatz als eine Art „dialogisches Cogito" zu gelten habe. Gleichzeitig sieht er sich durch seine verspätete Ebner-Lektüre in der Überzeugung bestätigt, daß in der „Suche nach dem verschütteten Gut" des dialogischen Prinzips eine übergreifende Gemeinsamkeit „unter den Menschen verschiedener Art und Tradition" bestand. Die „entscheidende Wandlung", zugleich das revolutionär Neue, erblickt er dabei in der Verlagerung des Ich-Du-Problems aus der „Sphäre der Subjektivität" in den Spielraum „zwischen den Wesen", also in der Erschließung einer Dimension jenseits von Subjektivismus und Objektivismus. Es ist der Spielraum, den er in der Folge als den Ort des Zwischenmenschlichen bestimmt. Zustimmend zitiert er in diesem Zusammenhang den theologischen Weggefährten *Karl Heim:*

> Wenn zunächst das Ich-Es-Verhältnis vorhanden war und uns nun das Du aufgeht ..., ist eine viel radikalere Umwälzung eingetreten als die Entdeckung eines neuen Weltteils oder die Erschließung neuer Sonnensysteme. Das Ganze der raumzeitlichen Es-Welt einschließlich aller Sternenstrudel und Sternennebel der Milchstraße ist in eine neue Sicht getreten.

Nach einem zustimmend-kritischen Seitenblick auf *Karl Löwith,* dessen Wiederaufnahme des Humboldtschen Sprachverständnisses er vorwirft, immer dann, „wenn ein Tor unprogrammatisch aufspringen will, es sorgsam zu verrammeln", wendet er sich abschließend – und mit besonderer Betonung – dem dialogischen Denken von *Karl Barth* und *Karl Jaspers* zu[66].

Barth hält Buber zugute, daß er, weniger naiv als *Friedrich Gogarten,* der außerchristlichen Denkbewegung gerecht zu werden sucht und in diesem Zusammenhang seine, die Bubersche „Erkenntnisse der grundlegenden Scheidung zwischen Es und Du und des wahren Seins des Ich in der Begegnung" übernimmt, wenn er sich auch nicht zu dem Eingeständnis durchzuringen vermag, „daß solch eine Fassung der Menschlichkeit auf anderem Boden als dem christologischen" entstehen konnte[67]. Er frage zwar, ob sich der christliche Theologe von Aussagen, die seinem eigenen Verständnis – und Bekenntnis – derart nahekommen, abhalten lassen solle, werde aber dennoch einen letzten Zweifel nicht los, ob sich die „Weiseren" unter den außerchristlichen Denkern, zu denen er nach *Konfuzius* und *Feuerbach* auch *Buber* rechnet, zu jener „Freiheit des Herzens zwischen Mensch und Mensch" erheben, die er für die nur dem Christen erreichbare „Wurzel und Krone des Humanitätsbegriffs" hält. Buber stellt die Enscheidung mit leiser Ironie dem Leser anheim, indem er ihn auffordert, einfach auf einen Grundsatz des Chassidismus hinzuhören:

> Klugheit ohne Herz ist gar nichts. Fromm ist falsch. Denn: die wahre Gottesliebe fängt mit der Menschenliebe an[68].

Ernster ist seine Auseinandersetzung mit *Jaspers,* bei dem er sehr wohl etwas Gemeinsames, dies jedoch „in der äußersten Ungemeinsamkeit" wahrnimmt. Gemeinsam mit ihm teilt er die Auffassung von der Transzendenz und Transparenz des zwischenmenschlichen Du, welches „dasselbe ist, das vom Göttlichen her zu uns niederfährt und von uns her zu ihm aufsteigt[69]." Um so entschiedener widerspricht er der Meinung, daß „uns das Du-sagen zur Gottheit" verwehrt und das Gebet als Anrede an sie „fragwürdig" sei. Der Gegensatz betrifft den Zentralgedanken Jaspers' von der „Chiffrenschrift", in der die Transzendenz dem Men-

---

[66] Die katholische Theologie bleibt außer Betracht, obwohl sich *Theodor Steinbüchel,* wie Buber schwerlich entgangen sein konnte, in seiner Schrift ‚Der Umbruch des Denkens' (Regensburg 1936) in aller Form auf den dialogischen Denkansatz, insbesondere aber auf die daraus geschöpfte Existenzdeutung *Ferdinand Ebners* bezogen hatte.

[67] A. a. O., 304.

[68] A. a. O., 305.

[69] A. a. O., 301 f.

schen nahekommt. Für den Philosophen gilt: „Sie kommt wie aus ihrem fernen Sinn als fremde Macht in diese Welt und spricht zur Existenz; sie tritt ihr nah, ohne je mehr als eine Chiffre zu zeigen." Das bringe es mit sich, daß „mythisch gesprochen, die Chiffre des Teufels so sichtbar (ist) wie die der Gottheit". Grund dieser Unentwirrbarkeit der Manifestationen ist die Hemmung des „echten Bewußtseins von Transzendenz", Gott „schlechthin als Persönlichkeit zu denken". Denn im Versuch, die Gottheit „zum Du" zu machen, werde ihre Transzendenz angetastet. Person ist nämlich jene „Weise des Selbstseins", die ihrem Wesen nach nicht allein sein kann, aufgrund deren sich Gott somit den Menschen zur Kommunikation erschaffen müßte. Das aber kann nach Jaspers nicht angenommen werden, da dadurch die zwischenmenschliche Kommunikation gelähmt und zudem Gott, weil dem Menschen zu nahegebracht, herabgewürdigt würde.

Nur beiläufig geht Buber, der darin den „Gegenpol" zu seiner eigenen Denkweise, wenngleich innerhalb derselben Idee erblickt, auf die ungleich positivere Einschätzung des Gebets ein, wie sie Jaspers in seiner Studie ‚Der philosophische Glaube' (von 1948) entwickelt. Denn seinem Urteil zufolge wird hier gerade der „vitalste Unterschied" verwischt, wenn Jaspers die „Hochform des Gebets" dort gegeben sieht, wo sich dieses zur Kontemplation erhebt und die spekulative Vergewisserung über das Dasein seines transzendenten Gegenüber erstrebt. Jaspers versichert wörtlich:

> Diese Kontemplation bewirkt nichs mehr in der Welt, sondern nur im Menschen selber. Das spekulative Vergewissern ist, wo es echte Kontemplation wurde, wie ein einziges Gebet. Wenn diese Kontemplation ursprünglich mit in dem Ganzen lag, was als Religion verwirklicht ist, so ist sie nun doch vom religiösen Tun unterschieden und selbständig möglich geworden [70].

Die Abweisung dieses Gedankens durch Buber wirkt um so merkwürdiger, als er sich damit nicht nur der Chance begibt, trotz aller Gegensätze die Gemeinsamkeit „derselben Idee" zu erhärten, sondern gleichzeitig auch in Widerspruch zu seiner eigenen Auffassung vom Gebet setzt. Denn in seiner Zeitdiagnose mit dem Titel ‚Gottesfinsternis' (von 1953) betont er in enger Übereinkunft mit Jaspers:

---

[70] *K. Jaspers,* Der philosphische Glaube, Frankfurt und Hamburg 1958, 72f.

Gebet im prägnanten Sinn nennen wir jenes Sprechen des Menschen zu Gott, das, um was immer auch gebeten wird, letztlich die Bitte um Kundgabe der göttlichen Gegenwart, um das dialogische Spürbarwerden dieser Gegenwart ist[71].

Doch gerade in diesem widerwilligen Konsens hebt sich das geistige Profil Bubers ab. Es ist das Profil eines Denkers, der selbst im Widerspruch, wenngleich ihm unbewußt, bejaht und sich insofern als Dialogiker aus innerster Bestimmung bewährt. Der Einzelfall, an dem dies deutlich wurde, mußte vermerkt werden, weil er von symptomatischer Bedeutung ist. Wenn ihm in der Gestalt des philosophischen Kontrahenten auch eine dem Christentum nur distanziert gegenüberstehende Bezugsperson entgegentrat, kommt in seinem Verhältnis zu Jaspers doch etwas zum Vorschein, was seine kritische Beziehung zum Christentum von Grund auf prägt: Konsens im Widerspruch und Nähe in der Distanz.

---

71 *Buber*, Gottfinsternis. Betrachtungen zur Beziehung zwischen Religion und Philosophie, Zürich 1953, 149.

II
Entdeckung des Mystischen

1.
Die chassidische Weisheit

Die „Bekehrung", von der Buber in seinen autobiographischen Fragmenten berichtet, bestand in der Abkehr von einer ekstatisch gestimmten Religiosität zugunsten einer „Alltagsfrömmigkeit", die das Göttliche nirgendwo anders als im menschlich erfüllten Augenblick sucht. Sie setzt daher eine Phase „exaltierter" Frömmigkeit voraus, die Buber durch seine bewußte Hinwendung zum Glauben seiner Väter nahegekommen war und ihm dabei so vermittelt wurde, daß er sagen konnte: „Urjüdisches ging mir auf." Vermittelt wurde ihm diese religiöse Urerfahrung durch seine Begegnung mit dem Chassidismus, einer „pietistischen" Richtung des thoragläubigen Judentums, sofern man davon nur die Vorstellung religiöser Sentimentalität fernhält, die sich allzu leicht mit dem Begriff „Pietismus" verbindet. In seinem Bericht ‚Mein Weg zum Chassidismus' (von 1917) schildert Buber die Eindrücke, die er als Kind in einem „schmutzigen Städtchen" der Bukowina von der chassidischen Bewegung und ihrem religiösen Repräsentanten, den „Zaddikim", den mit der Aura des Magisch-Wunderbaren umgebenen „Gerechten", empfing [1]. Auch hörte er damals schon von dem Baal Schem Tow, dem „Meister vom Guten Namen", der für ihn später zum Gegenstand der „köstlichsten Entdeckung" werden sollte. Immerhin verkörperte sich für ihn in der Folge die Figur jenes vollkommenen Menschen, um dessentwillen nach jüdischer Weisheitslehre die Welt erschaffen wurde. In menschlicher Umsetzung galt das auch für Buber selbst. Die Gestalt des „Bescht", wie der aus den drei Anfangsbuchstaben gebildete Kurz-

---

[1] *Buber,* Mein Weg zum Chassidismus, in: Werke III: Schriften zum Chassidismus, München und Heidelberg 1963, 959–988.

name des Verehrten lautet, wurde für ihn zum Kristallisationskern jenes ausgedehnten Schrifttums über den Chassidismus, das heute den voluminösen Schlußband der dreibändigen Werkausgabe bildet [2].

Buber mußte neuerdings den Vorwurf hinnehmen, „von der chassidischen Bewegung ein allzu geglättetes, idyllisches Bild" entworfen zu haben [3]. Dem Vorwurf liegt der Einwand zugrunde, daß in seinem Bild die „rohen und primitiven Züge" fehlen, die, zusammen mit dem „erhabenen und erschütternden" nun einmal zum Profil einer „naiven Armeleutemystik" gehören, wie sie der Chassidismus darstelle. Vor allem aber kritisiert er an Buber, daß er die Geschichte des Chassidismus nicht auf dessen grauenvolles Ende in den Vernichtungslagern von Auschwitz und Maidanek hin, oder besser noch von diesem Ende her erzählt habe, also von jenem Ende her, an welchem die unglücklichen Opfer der Gewalt „den Todesraum furchtlos", mit dem Maimonideslied ‚Ich glaube, obwohl der Messias zögert zu kommen' auf den Lippen, betraten [4]. Hinter diesem Vorwurf dürfte sich – unausgesprochen – ein radikalerer Einwand verbergen. Und der hat an Buber auszusetzen, daß er sich im Unterschied zu andern Sprechern des jüdischen Erbes nicht zum Guru einer mystisch-esoterischen Bewegung, wenn nicht sogar zum selbsternannten Messias einer neuen Heilslehre machen ließ. Ohne daß er damit rechnen konnte, hat Buber jedoch auf diese Einwände, lange bevor sie gegen ihn erhoben wurde, geantwortet. Auf den ersten mit dem von seinen Kritikern offensichtlich übersehenen Bericht von seiner „Bekehrung"; auf den zweiten mit seinem Roman ‚Gog und Magog' (von 1949), auf den am Schluß dieser Erörterung seiner Entdeckung des Mystischen einzugehen sein wird.

Wenn man sich diesen Hintergrund vergegenwärtigt und zudem bedenkt, daß Buber die von ihm erkundete jüdische Mystik als eine im Vergleich zu der durch *Meister Eckhart, Plotin* und

---

[2] Dazu gehört ‚Die Legende des Baal Schem' (Berlin 1932), ‚Die Erzählungen der Chassidim' (Zürich 1949), ‚Der Weg des Menschen nach der chassidischen Lehre' (Den Haag 1950), ‚Die chassidische Botschaft' (Heidelberg 1952), ‚Die Geschichten des Rabbi Nachman' (Frankfurt und Hamburg 1955) und vor allem auch die Chronik ‚Gog und Magog' (Heidelberg 1949).

[3] *S. Landmann* im Vorwort zu *Elie Wiesel,* Was die Tore des Himmels öffnet. Geschichten chassidischer Meister, Freiburg/Br. 1981, 6.

[4] A.a.O., 7.

Laotse repräsentierte „oft trübe, zuweilen kleinlich" wirkende bezeichnet, wird man den gegen ihn erhobenen Einwänden kaum noch Gewicht beimessen, und dies um so weniger, als der zuletzt erwähnte geradezu seine eigene These benutzt, um sie gegen ihn zu wenden[5]. Freilich sucht er die bedenklichen Züge weniger im aktuellen Erscheinungsbild des Chassidismus als vielmehr in seiner Entwicklungsgeschichte, die er bis auf die „Urzeit" und mehr noch auf die zu ihrer Entstehung führenden Elementarreaktionen zurückverfolgt. Ihren Ursprung hat die jüdische Mystik für ihn in der „bedeutsamen Eigentümlichkeit des Juden, die sich in den Jahrtausenden kaum gewandelt zu haben scheint, daß sich die Extreme bei ihm schnell und mächtig aneinander entzünden". So geschehe es, „daß mitten in einem unsäglich begrenzten Dasein, ja gerade aus seiner Begrenztheit urplötzlich das Schrankenlose hervorbricht und nun die sich ihm ergebende Seele regiert"[6]. Zu dieser Neigung der jüdischen Seele kam ein Schicksal, das sich wie eine Kette von Vertreibungen und Verfolgungen ausnimmt und zu jener kollektiven Verzweiflung führte, aus der „zuweilen der Blitz der Ekstase erwacht".

Ihren verbalen Ausdruck entwickelte diese Ekstase aufgrund von mystischen Geheimlehren, die ursprünglich nur einem „Meister in Künsten und kundig des Flüsterns" anertraut werden durften und in Schriften wie dem ‚Sohar', dem „Buch des Glanzes", das die Thoradeutung mit kosmischen Spekulationen verwebt, ihren literarischen Ausdruck fand. Ihren zusammenfassenden Ausdruck fanden diese Geheimlehren in der ‚Kabbala' (Überlieferung) einer, wie der Name sagt, ursprünglich nur mündlich weitergegebenen Weisheitslehre, die der „verborgenen Gottesweisheit" nachzugehen suchte und zu diesem Zweck biblisches Gedankengut mit gnostischen Spekulationen und einer oft ins Phantastische gehenden Buchstaben- und Zahlenmystik verknüpfte. Im Unterschied zum Chassidismus, dem alles am Handeln, dem „Reich der

---

[5] Dazu *Bubers* einleitende Bemerkungen über die jüdische Mystik in seinen ‚Geschichten des Rabbi Nachman', Frankfurt/M. und Hamburg 1955, 11. In einem Vorwort macht er darauf aufmerksam, daß die nur in Schülerniederschriften überlieferten Geschichten „offenbar maßlos entstellt und verzerrt" worden seien und deshalb einen verworrenen und weitschweifigen Eindruck erwecken. Um so mehr sei er bemüht gewesen, alle Elemente der originalen Fabel, die sich ihm „durch ihre Kraft und Farbigkeit als solche erwiesen, unberührt zu erhalten" (7).

[6] A. a. O., 12

Wahl", gelegen war, lag dieser Mystik eine eher eskapistische Tendenz zugrunde; unter dem Druck beengender und bedrängender Verhältnisse nahm sie Zuflucht zum Gottesgeheimnis, in das sie sich schauend zu versenken suchte. Eine messianistische Zuspitzung erfuhr diese Tendenz zur Zeit der Vertreibung der Juden aus Spanien: Aus dem Abgrund der Verzweiflung stieg die alte Rettergestalt, der personifizierte Erlösungstraum und mit ihm die Hoffnung auf ein irdisches Reich Gottes, eine „Welt der Vollendung" auf[7].

Bis zur Entstehung des eigentlichen Chassidismus durchläuft die Bewegung eine wechselvolle Geschichte, in der sich Zusammenbrüche, Phasen der „Mortifikation", mit wiederholtem Aufflackern messianischer Hoffnungen abwechseln. Wichtig ist vor allem die Verwandlung, welche die Bewegung in dieser Umbruchszeit erfährt. Sie betrifft, wie bereits angedeutet, die Abkehr von weltflüchtiger Theorie zu weltbejahendem Handeln; denn der Chassidismus ist für Buber die zum „Ethos gewordene Kabbala". Dazu bemerkt er in seinem ‚Weg zum Chassidismus':

> In der Tat, nirgends in den letzten Jahrhunderten hat sich die Seelenkraft des Judentums so kundgegeben wie im Chassidismus. Die alte Kraft lebt in ihm, die einst, wie Jakob den Engel, mit starken Armen das Unsterbliche auf der Erde festhielt, auf daß es sich im sterblichen Leben erfülle. Zugleich aber gibt sich darin eine neue Freiheit kund. Ohne daß am Gesetz, am Ritus, an der überlieferten Lebensnorm ein Jota geändert würde, ersteht das Altgewohnte in einem jungen Licht und Sinn[8].

Und in seinen Ausführungen zur jüdischen Mystik verdeutlicht er diese Charakteristik mit Worten, die unmittelbar an die Schilderung seines Bekehrungserlebnisses erinnern:

> Der Chassidismus ist kein Pietismus. Er entbehrt aller Sentimentalität und Gefühlsostentation. Er nimmt das Jenseits ins Diesseits herüber und läßt es in ihm walten und es formen, wie die Seele den Körper formt. Sein Kern ist eine höchst realistische Anleitung zur Ekstase, als zu dem Gipfel des Daseins. Aber die Ekstase ist hier nicht, wie etwa bei der deutschen Mystik, ein „Entwerden" der Seele, sondern deren Entfaltung; nicht die sich beschränkende und entäußernde, sondern die sich vollendende Seele mündet ins Unbedingte. In der Askese schrumpft das geistige Wesen, die Neschama, zusammen, sie erschlafft, wird leer und trübe; nur in der Freude

[7] A. a. O., 15.
[8] *Buber,* Werke III, 961 f.

kann sie wachsen und sich erfüllen, bis sie, alles Mangelns ledig, zum Göttlichen heranreift[9].

Für Buber erklärt sich die mitreißende Kraft der chassidischen Bewegung aber nicht nur aus dem Druck repressiver Verhältnisse, sondern auch aus einer Krise der Thora-Frömmigkeit, die letztlich damit zu tun hat, daß das geschriebene Gesetz den Atem des lebendigen Anrufs zur forensischen Formel erstarren läßt. Dazu kam in den Zeiten des messianischen Überschwangs die Illusion, schon am Ziel der Zeiten angelangt zu sein, den Eintritt ins Gottesreich erreicht zu haben und keiner Wegweisung mehr zu bedürfen:

> Die Thora war dem Leben der Triebe bändigend und auslesend gegenübergetreten; sie hatte geboten, auch im natürlichen Bereich der Profanität dem Heiligen nahzubleiben. Jetzt aber schien es, als durchbräche die Heiligkeit selbst alle Zäune und ließe sich mitten im Verbotenen, im Unreinen nieder[10].

Da in dieser enthusiastischen Stimmung „fremden Gedanken", vornehmlich gnostischen Ursprungs, Tür und Tor geöffnet waren, geriet die chassidische Botschaft notwendig zur Unterscheidungslehre, die aber nicht die Reinigung von ihnen, sondern ihre Verwandlung zum Ziel hatte:

> Die fremden Gedanken, die den Menschen in den Stunden des Betens und Lernens anwandeln, um seinen Sinn abzulenken und ihn zu verführen, daß er die Dinge begehre, die sie ihm vor den inneren Blick heben – groß ist ihre Bestimmung im Zusammenhang des Lebens, und wir dürfen nicht wollen, daß sie uns völlig verlassen ... Nicht wegstoßen sollen wir ihre Fülle, die unserem Herzen nachstellt, sondern sie in das wirkliche Dasein aufnehmen und einfügen; nur in der Kraft solchen Tuns werden wir zu jener Einheit gelangen, die nicht von der Welt absieht, sondern sie umfängt. Dazu aber müssen wir das schwerste vollziehen: die Verwandlung. Wir sollen das Element, das sich unserer bemächtigen will, in Substanz des wahren Lebens verwandeln[11].

Aus diesem Bedürfnis nach anverwandelnder Unterscheidung und unterscheidender Anverwandlung dürfte es sich erklären, daß Buber gleichzeitig mit seinen chassidischen Forschungen und Veröffentlichungen der „Lehre vom Tao" nachging und neben

---

9 *Buber*, Die Geschichten des Rabbi Nachman, 16f.
10 *Buber*, Die chassidische Botschaft, Heidelberg 1952, 81.
11 A.a.O., 83.

den ‚Reden und Gleichnissen des Tschuang Tse' (von 1910) auch ‚Chinesische Geister- und Liebesgeschichten' (von 1911) übersetzte. Als wichtigste Veröffentlichung aus dem mystischen Motivkreis aber haben die ‚Ekstatischen Konfessionen' (von 1909)zu gelten, in denen Buber „Mitteilungen visionärer, traumbegnadeter Menschen über ihr innerlichstes Leben", vornehmlich christlicher Herkunft, zusammenfaßte[12].

2.
Ekstatische Konfessionen

Von der starken Resonanz vermittelt schon die Tatsache einen Begriff, daß sich in *Robert Musils* Roman ‚Der Mann ohne Eigenschaften' (von 1933) etwa dreihundert Bezugsstellen zu Bubers Werk nachweisen ließen[13]. Dabei war Musil von der Textsammlung deswegen so stark angetan, weil sie ihm – und darin kam er dem Standpunkt Bubers erstaunlich nah – die Möglichkeit zu eröffnen schien, das Mystische im Alltagsleben aufscheinen zu lassen und es nicht als Ausnahmeerlebnis abzutun:

> So versucht er die Geschwister in einen Zustand tagheller Mystik zu versetzen, in dem sie traumhaft aller Wirklichkeit entrückt zu sein scheinen und doch im selben Gefühl, gleichzeitig, ihre Erlebnisse hellwach kontrollieren[14].

Das ist der Fall eines den Bewußtseinsstand des Autors übergreifenden, besser gesagt eines ihm „vorauseilenden" Verstehens. Denn Buber hatte bei der Abfassung der ‚Ekstatischen Konfession' die Position der „taghellen Mystik" noch keineswegs so klar bezogen, wie sie von Musil den von ihm dargestellten Geschwistern zugedacht wird. Ihm – Buber – bedeutete Mystik damals noch in erster Linie Entrückung, Enthobensein, Aufschwung und, wie der

---

12 So *Buber* in einem Brief an seinen Verleger *Eugen Diederichs* (vom 20. Juni 1907), in dem er gleichzeitig betonte, daß die ‚Konfessionen' ebensowenig mit Katholizismus wie mit Protestantismus zu schaffen hätten „und mit Lebensbejahung und positiver Genealität sehr viel mehr als mit Askese und Weltflucht": Ekstatische Konfessionen, gesammelt von Martin Buber, Heidelberg 1984, 253.

13 Dazu *Dietmar Goltschnigg*, Mystische Tradition im Roman Robert Musils. Martin Bubers ‚Ekstatische Konfession' im ‚Mann ohne Eigenschaften', Heidelberg 1974.

14 *Wilfried Berghan*, Robert Musil in Selbstzeugnissen und Bilddokumenten, Reinbek bei Hamburg 1963, 140.

Titel des Werkes sagt, Ekstase. Das ist ein Verständnis von Mystik, wie es sich beispielhaft in einem der von Buber übersetzten Sprüche des Lao-Tse-Schülers *Tschuang-Tse* ausdrückt:

Nach drei Tagen schied er sich vom Irdischen ab. Nach sieben Tagen löste er sich von allen Dingen. Nach neun Tagen schritt er aus seinem Sein hinaus. Danach wurde sein Geist strahlend wie der Morgen, und er schaute das Wesen, sein Ich, von Angesicht zu Angesicht. Als er geschaut hatte, wurde er ohne Vergangenheit und Gegenwart. Er betrat das Reich, wo kein Tod und kein Leben ist, wo man das Leben töten kann ohne zu sterben und es erzeugen kann ohne zu leben, wo nichts ohne Vollendung ist[15].

Auf den Grundton dieser Einungsmystik sind die Zeugnisse gestimmt, die Buber aus dem weiten von ihm durchforsteten Feld aufruft, um aus ihnen die Stimme des zu Gott entflammten Herzens herauszuhören, gleichgültig, ob es sich dabei um die Stimme einer wilden Bauernmagd, einer einfältigen Nonne oder eines zu den höheren Weihen Gelangten handelt, der aus dem Abgrund in ihm zu erzählen vermag. Täuschung, Krankheit, Hysterie sind für ihn keine ausschließenden Kategorien. Einzig auf die Stimme des gottbegeisterten Ich kommt es ihm an. In diese Richtung zielen die hochtheologischen Äußerungen der *Katharina von Genua:*

Ich finde in mir durch die Gnade Gottes eine Befriedigung ohne Nahrung, eine Liebe ohne Furcht ... Der Glaube scheint mir im ganzen verloren, die Hoffnung gestorben; denn ich scheine in mir zu haben und in Gewißheit zu halten das, was ich zu anderen Malen glaubte und hoffte. Ich sehe keine Einung mehr, denn ich weiß nichts mehr und ich kann nichts mehr sehen, als ihn allein ohne mich. Ich weiß nicht, wo das Ich ist, noch suche ich es, noch will ich davon wissen, noch Kunde haben. Ich bin so eingesetzt und untergetaucht in der Quelle seiner unmeßbaren Liebe, als wäre ich im Meere ganz unter Wasser und könnte von keiner Seite irgendein Ding tasten, sehen, fühlen als Wasser ... Gott ist Mensch geworden, um mich zu Gott zu machen, daher will ich ganz reiner Gott werden[16].

In der Sprache schlichter, legendenhafter Narrativität sagt dasselbe der Bericht über *Katharina von Siena,* die unter dem Eindruck steht, als habe ihr der ewige Bräutigam das Herz entnommen, um ihr nach einiger Zeit ein anderes – das seine – mit den Worten zu übergeben:

---

[15] *Buber,* Ekstatische Konfessionen, 217.
[16] A.a.O., 151f.

Siehe, vielliebes Töchterlein, wie ich am andern Tage dir dein Herz genommen habe, so gebe ich dir jetzt mein Herz, mit dem du fortan leben wirst[17].

Und noch einmal drückt sich dieselbe Erfahrung in einem Wort aus, das von der Mystikerin *Adelheid von Lindau* überliefert wird:

Ach lieber Herr, du bist mein Vater und meine Mutter und meine Schwester und mein Bruder. Ach Herr, du bist mir alles was ich will, und deine Mutter ist mein Gespiel[18].

Bei aller Bevorzugung der subjektiv-spontanen Zeugnisse gibt Buber aber doch auch wichtige Hinweise erkenntnis- und sprachtheoretischer Art. Ausdrücklich bezieht er sich auf den pseudonymen Gewährsmann des *Pseudo-Dionysius,* in dem die spekulative Mystik der Väterzeit ihren Höhepunkt erreichte, Hierotheus, dem der Grundsatz zugeschrieben wird, daß Gott mehr durch Leiden als durch Forschen erkannt werde:

Mir scheint es recht, das ohne Worte zu sagen und ohne Erkenntnis zu verstehen, was über Worten und Erkenntnis ist: dieses meine ich nichts anderes zu sein als das geheime Schweigen und die mystische Ruhe, die das Bewußtsein vernichtet und die Formen auflöst. Suche denn, im Schweigen und im Geheimnis, jene vollkommene und ursprüngliche Vereinigung mit dem wesenhaften Urgut[19].

Und zur Verdeutlichung der Tatsache, daß mit der mystischen Erhebung die menschliche Sprachgrenze erreicht und überschritten wird, läßt er *Meister Eckhart* mit einem Gedanken zu Wort kommen, den er der Braut im Hohelied in den Mund legt:

Ich habe alle Berge und all mein Vermögen überstiegen, bis an die dunkle Kraft des Vaters. Da hörte ich ohne Laut, da sah ich ohne Licht, da roch ich ohne Bewegen, da schmeckte ich das was nicht war, da spürte ich das was nicht bestand. Dann wurde mein Herz grundlos, meine Seele lieblos, mein Geist formlos und meine Natur wesenlos. Nun vernehmet, was sie meint! Daß sie spricht, sie habe überstiegen alle Berge, damit meint sie ein Überschreiten aller Rede, die sie irgend üben kann aus ihrem Vermögen, – bis an die dunkle Kraft des Vaters, wo alle Rede endet[20].

Wie das Werk auf die moderne Literatur einwirkte, leistete es allem Anschein nach aber auch einen entscheidenden Beitrag zur Wiederbegegnung mit einem der größten Mystiker der Ostkirche,

---

[17] A. a. O., 148.
[18] A. a. O., 123.
[19] A. a. O., XXX.
[20] A. a. O., XXIX.

dem die Nachwelt zur Unterscheidung von „dem Theologen" *Gregor von Nazianz* den Namen *Symeon der Neue Theologe* beilegte[21]. Aus seinen ‚Hymnen an Gott' wählte Buber instinktsicher jene Texte aus, die der heutigen Sinnerwartung besonders entgegenkommen; so die Stelle:

> Ich sage dir Dank, weil du mir ein Tag ohne Abend geworden bist und eine Sonne ohne Untergang: der du nicht hast wohin du dich verbärgest, da du mit deiner Glorie die Welten füllest. Niemals hast du dich je vor irgend einem verborgen, sondern wir selber verbergen uns vor dir, da wir zu dir nicht kommen wollen. Denn wo solltest du dich verbergen, der du nirgends einen Ort zu ruhen hast? Oder warum solltest du dich verbergen, der du von allen keinen verschmähst, keinen scheust? So schlage denn, liebreicher Herr, ein Zelt in mir auf und wohne in mir, und bis zu meinem Abscheiden trenne dich nicht und sondre dich nicht von mir, deinem Diener, daß auch ich in meinem Tode und nach meinem Tode mich in dir erfinde und mit dir herrsche, Gott, der alles beherrscht[22].

Der gleichzeitig nach Bewußtseinserweiterung und Sinnerfüllung verlangende Mensch der Gegenwart dürfte sich vor allem aber von der letzten der von Buber mitgeteilten Stellen angesprochen fühlen:

> Wieder strahlt mir das Licht. Wieder schaue ich das Licht in Klarheit. Wieder öffnet es den Himmel, wieder vertreibt es die Nacht. Wieder offenbart es alles. Wieder wird es allein geschaut. Wieder führt es mich von allen sichtbaren, allen dem Sinne zugehörigen Dingen ab, reißt mich von ihnen los. Und der über allen Himmeln ist, den keiner der Menschen je erblickte, der kehrt wieder in meinem Geiste ein, ohne den Himmel zu verlassen, ohne die Nacht zu zerteilen, ohne die Luft zu durchbrechen, ohne das Dach des Hauses einzuschlagen, ohne irgend ein Ding zu durchdringen; und in die Mitte meines Herzens, o erhabenes Geheimnis, da alles bleibt wie es ist, stürzt mir das Licht und hebt mich über alles empor. Und ich, der ich inmitten aller Dinge war, stehe außer allem, ich weiß nicht, ob nicht auch außer dem Leibe. Nun bin ich in Wahrheit ganz da, wo das Licht allein und einfach ist, und aus seiner Betrachtung gehe ich einfach in Unschuld hervor[23].

---

[21] Den „höchsten Gipfel ostkirchlicher Mystik" nennt Symeon *Karlmann Beyschlag* in seinem Beitrag ‚Was heißt mystische Erfahrung?' in: Glaube – Erfahrung – Theologie. Theologische Woche Bethel 1977, Bethel 1978, 41–62.

[22] A. a. O., 40f.

[23] A. a. O., 49. Mit der abschließenden Anspielung auf die „Narrenrede" des Apostels Paulus gehört die Stelle auch zu den Zeugnissen, die einen Begriff von der wirkungsgeschichtlichen Effizienz dieser „paulinischen Konfessionen" vermitteln; dazu die Hinweise in meiner Schrift ‚Paulus für Christen', Freiburg/Br. 85; 127f.

Auch wenn Buber die Phase dieser „ekstatischen Mystik" hinter sich ließ, bleibt doch seine Sprache von ihr lebenslang geprägt. Damit soll der Einfluß des literarischen Expressionismus auf seine Diktion weder bestritten noch auch nur herabgespielt werden. Dennoch hebt sich seine Sprechweise von der expressionistischen durch ein Element ab, das in dieser Form nur bei ihm vorkommt und auch bei ihm nicht allein durch die Schulung seiner Sprache an der der alttestamentlichen und zumal der prophetischen Schriften erklärt werden kann. Es betrifft auf der einen Seite die „freie" und doch die Gesetze der Syntax nicht verletzenden Fügung der Gedanken, auf der andern Seite aber nicht weniger auch die Wahl der Bilder, die bei ihm wie sonst nur noch bei den Mystikern nicht einem vergleichenden, sondern einem „ergriffenen" Denken entstammen. Es liegt in der Natur der Sache, daß diese Kriterien die Sprache seiner Frühzeit stärker als die der späten Jahre bestimmen. Doch fehlen sie auch in den Spätwerken nicht. Und es ist gerade in diesem Zusammenhang bezeichnend, daß sich der Buber der späten Jahre in seinem Mysterienspiel ‚Elija' (von 1963) auf das Wagnis einer dramatischen Dichtung eingelassen hat, die mit den Worten schließt:

Elija: Ach, Herr, meine Kraft ist erschöpft.
Die Stimme: Für deine Erschöpfung tausche ich meine Kraft ein. Laufe, mein Läufer, für mich[24]!

3.
Die Alltagsmystik

Im Zentrum von Bubers „Bekehrung" steht das Bekenntnis, daß er das Religiöse, das sich als Ausnahme, Entrückung und Ekstase verstehe, aufgegeben habe; vor allem aber der Zusatz: „Ich besitze nichts mehr als den Alltag, aus dem ich nie genommen werde[25]". Das darf keinesfalls im Sinn eines religiösen Verlustes oder auch nur eines „Glaubensentzugs" verstanden werden, wie er im Falle *Reinhold Schneiders* zu verzeichnen ist[26]. Der Alltag, in den er

---

[24] *Buber,* Werke II: Schriften zur Bibel, München und Heidelberg 1964, 1229.
[25] Dazu nochmals das S. 14 mitgeteilte Zitat.
[26] Näheres dazu in meiner Schrift ‚Glaubenswende. Eine Hoffnungsperspektive', Freiburg/Br. 1987, 37–44; 64ff.

aus den Höhen der Entrückung herabgeworfen wurde, ist freilich nicht zu verwechseln mit der von *Heidegger* analysierten „Alltäglichkeit", in der der sich sorgende und alles mögliche besorgende Mensch zusehends sich selbst entfremdet und manipulatorischen Einflüssen unterworfen wird; er ist vielmehr definiert durch ein Geflecht von Beziehungen, unter denen die Ich-Du-Beziehung im Vordergrund steht. Und er ist überdies geprägt durch Erlebnisse nach Art der „Begegnungen", von denen Buber sagt, daß durch sie die Lebensgeschichte eines Menschen ihr Profil gewinne. Auch darf über dem Begriff „Alltag" der Schlüsselsatz seines dialogischen Denkens nicht vergessen werden, nachdem wir durch alles, was uns gegenwärtig wird, „an den Saum des ewigen Du" hinblikken, so wie wir in jeder dialogischen Anrede letztlich das ewige Du ansprechen [27]. Mit Bubers Begriff des Alltags ist somit eine eminent religöse Sphäre bezeichnet, jedoch eine Sphäre, deren religiöse Qualität nicht in Akten der Abscheidung und Weltflucht, sondern in Vollzügen einer ausgesprochenen Weltfrömmigkeit gefunden wird. Dazu sah sich die chassidische Bewegung geführt, nachdem sie die Phasen eskapistischer Begeisterung und weltflüchtiger Mortifikation durchschritten hatte. Es war das Stadium des Chassidismus, in welches Buber gleicherweise durch frühe Kindheitserlebnisse wie intensive Studien hineinwuchs und dessen literarische Vergegenwärtigung er als ein Hauptelement seiner Lebensaufgabe empfand. Was es mit seiner „Alltagsmystik" auf sich hat, kann deshalb nicht besser als durch einen Blick in die von ihm gesammelten und gedeuteten Zeugnisse verdeutlicht werden.

Am besten gelingt dies durch einen Blick in die ‚Chassidische Botschaft', von der der Nietzsche-Forscher *Walter Kaufmann* meinte, daß sie geradezu „zum Vergleich mit den heiligen Schriften der Menschheit" herausfordere. Auch wenn sich dieses Urteil im Ausdruck vergreift, sind dem Werk doch grundlegende Auskünfte über die chassidische Frömmigkeit zu entnehmen, so schon das Urteil:

> Worauf es ankommt, ist die Wiederverknüpfung mit dem Gewesenen und der Umschwung in einem; der Wiedereintritt in die Überlieferung, aber eine Überlieferung, die umgestaltet worden ist. Das ist es, was sich hier, im Chassidismus, begab. Die von ihm gestiftete erneuerte Beziehung

[27] Dazu nochmals das S. 13 mitgeteilte Zitat aus ‚Ich und Du'.

zur Wirklichkeit mischt er aus den fortsprudelnden Quellen, den offenbaren und verborgenen, aber was er da holte, ist in seinen Händen neu geworden [28].

Die Überlieferung, die es umzuschmelzen galt, bezieht sich auf die erstarrte Thorafrömmigkeit der orthodoxen Tradition, der Buber, ohne sich mit ihr offen anzulegen, insgeheim den Kampf ansagt. Seine Position hat eine defensive und eine innerliche Seite. Die defensive läßt sich am besten mit *Marc Chagalls* zeitkritischem Gemälde ‚Der Engelsturz' (von 1947) verdeutlichen, auf dem sich der Rabbi, dem sich ein Entsetzensschrei oder auch eine Verwünschung auf die Lippen drängt, mitsamt der Thorarolle aus dem Bildgeschehen wegbewegt, während seine Linke auf die Stelle zeigt, in der er die hereinbrechenden Ereignisse längst schon angesagt und gedeutet sieht. Währenddessen bricht vom oberen Bildrand her der Feuerengel, in dessen Figur das Bild des apokalyptischen Weibes mit dem des feuerroten Drachens verwoben ist, in die menschliche Szene ein: Symbol der Vernichtungsgewalt des Bombenkriegs, aber auch des Irrationalen, das sich gewaltsam Einlaß in die von der Schriftkultur geprägte Lebenswelt verschafft [29].

Aus der Sicht Bubers verkörpert sich in der Gestalt des Rabbi eine Glaubensweise, der alles, mit *Hölderlins* Patmoshymne zu sprechen, an der Pflege des festen Buchstabens gelegen ist, selbst wenn darüber die Welt in Trümmer geht und den Glaubenden nur der Rückzug aus ihr bleibt. Dagegen ist die „Chassidische Botschaft" fast leitmotivartig von dem Gedanken durchzogen, daß das Böse als „Thron des Guten" zu gelten habe und deshalb weniger bekämpft als vielmehr verwandelt werden müsse [30]. Insbesondere gilt das für die immer wieder angesprochenen „fremden Gedanken", die sich, „mit ihren Schalen beladen", insbesondere dem Beter aufdrängen, um ihn zu Fall zu bringen, und die doch nicht vertrieben, sondern im Zerbrechen der Schalen zu ihrem Ursinn befreit werden sollen [31]. Damit ist dann auch schon die Innensicht der Position berührt. In ihr begegnet sich Buber mit dem Wort der Bergpredigt Jesu, daß er nicht gekommen sei, das Gesetz

---

[28] *Buber,* Die chassidische Botschaft, 71.

[29] Näheres zu dieser in extremer Verkürzung gebotenen Deutung in meinem Beitrag ‚Marc Chagalls Engelsturz', in: Meditation 12 (1986) 100ff.

[30] A.a.O., 85.

[31] A.a.O., 60; 84.

aufzuheben, sondern es zu erfüllen (Mt 5, 17). Inhaltlich deckt sich das fast vollkommen mit der chassidischen Antwort auf die Frage, was rechte Schriftauslegung sei:

> Der Mensch soll achten, daß all seine Führung eine Thora sei und er selbst eine Thora ... Der Weise sinne darauf, daß er selbst eine vollkommene Lehre sei und alle seine Taten Körper der Unterweisung; oder, wo ihm dies nicht gewährt ist, daß er eine Übertragung und Auslegung der Lehre sei und durch jede seiner Bewegungen die Lehre sich ausbreite [32].

Das faßt Buber in den zentralen Satz zusammen:

> Die chassidische Thora-Konzepion ist eine Ausgestaltung des überlieferten Glaubens, daß Gott die von ihm geschaffene Welt durch den Menschen erobern will. Er will sie wahrhaft zu seiner Welt, zu seinem Reich machen, aber durch menschliches Tun [33].

Das führt zum Kern dieser Alltagsmystik, dieser „Weihe des Alltags", wie Buber formuliert. Er wird mit dem Wort „Jichud", dem „tausendfältigen Werk der Einung", bezeichnet, das auf den innersten Wesensakt des wahrhaften Menschen, „die Einung Gottes und seiner Schechina" abzielt [34]. Um diesen Gedanken bewegt sich die chassidische Botschaft; denn der „aktive Charakter des Jichud wächst in der Kabbala, reift im Chassidismus". In konkretisierender Umschreibung besagt das:

> Der Mensch wirkt die Einheit Gottes, das heißt: durch ihn vollzieht sich die Einheit des Werdens, die Gotteseinheit der Schöpfung – die freilich ihrem Wesen nach immer nur Vereinigung des Getrennten sein kann, welche die dauernde Geschiedenheit überwölbt und in der die Ureinheit des ungeschiedenen Sein ihr kosmisches Gegenbild findet: die Einheit ohne Vielheit in der Einung der Vielheit [35].

Mit plastischer Anschaulichkeit wird diese „Rahmenbestimmung" durch die von Buber gesammelten Sprüche der chassidischen Meister gefüllt, die, sicher nicht von ungefähr, an die „Spruchquelle" erinnern, die von der neutestamentlichen Forschung als Vorstufe zu den Evangelienschriften angenommen wird. Als Vorstufe dazu kann ein Wort des Rabbi Mendel von Kozk gelten:

---

[32] A. a. O., 107 f.
[33] A. a. O., 56.
[34] A. a. O., 109.
[35] A. a. O., 112.

Es heißt: „So seien diese Reden, die ich heute dir gebiete, auf deinem Herzen". Denn das Herz ist zeitenweise verschlossen, die Worte liegen aber auf ihm, und wenn es in heiligen Zeiten sich öffnet, fallen sie in seine Tiefe[36].

Die folgenden Sprüche sind nach Motiven geordnet, die von Gott über die Welt zum Menschen und einigen seiner Aufgaben und Verhaltensweisen führen:

Gott

Wo wohnt Gott? Mit dieser Frage überraschte der Kozker einige gelehrte Männer, die bei ihm zu Gast waren. Sie lachten über ihn: Wie redet Ihr! Ist doch die Welt seiner Herrlichkeit voll! Er aber beantwortete die eigene Frage: Gott wohnt, wo man ihn einläßt.

Der Rücken

Zum Vers der Schrift: Du wirst meinen Rücken sehen, aber mein Antlitz wird nicht gesehen (Ex 33,23), sprach der Kozker Rabbi: All das Widerstreitende und Verkehrte, das die Menschen wahrnehmen, wird Gottes Rücken genannt. Sein Antlitz aber, wo alles mit allem übereinstimmt, kann kein Mensch sehen.

Das Wort

Rabbi Mosche von Kobryn lehrte: Wenn du ein Wort vor Gott sprichst, gehst du mit allen deinen Gliedern in das Wort ein. Ein Hörer fragte: Wie soll das möglich sein, daß der große Mensch in das kleine Wort hineinkommt? Wer sich größer dünkt als das Wort, sagte der Zaddik, von dem reden wir nicht.

Höre!

Man fragte Rabbi Bunam: Es steht geschrieben: Ich bin der Herr, dein Gott, der dich aus dem Land Ägypten führte (Ex 20,2). Warum heißt es nicht: Ich bin der Herr, dein Gott, der ich Himmel und Erde schuf? Rabbi Bunam erklärte: Himmel und Erde – dann hätte der Mensch gesagt: Das ist mir zu groß, da traue ich mich nicht hin. Gott aber sprach zu ihm: Ich bin's, der ich dich aus dem Dreck geholt habe, nun komm heran und höre!

Die Ferne

Den Schriftvers: Bin ich denn ein Gott aus der Nähe und nicht aus der Ferne? (Jer 23,23), erklärte Rabbi Mendel: Aus der Ferne, das meint den Bösen, aus der Nähe, das meint den Gerechten. Gott spricht: Will ich denn gerade den, der mir nah ist, den Gerechten? Ich will doch auch den Fernen, den Bösen.

---

[36] *Buber,* Die Erzählungen der Chassidim, in: Werke III, 666.

Die Furcht
Der Kozker fragte einen Chassid: Hast du schon einmal einen Wolf gesehen? Ja, sagte er. Und hast du dich vor ihm gefürchtet? Ja. Dachtest du da aber daran, daß du Furcht hast? Nein, antwortete der Chassid, ich fürchtete mich nur. So soll man es, sprach der Rabbi, mit der Furcht Gottes halten.

Die Welt
Der Gerer Rabbi sprach: Ich höre manchen sagen: Ich will die Welt wegwerfen. Ist denn die Welt dein, daß du sie wegwerfen könntest?

Der Storch
Der Jehudi wurde gefragt: Der Talmud erklärt, der Vogel Storch heiße deshalb im Hebräischen Chassida, die Fromme oder Liebreiche, weil er den Seinen Liebe erweise. Warum wird er dann aber unter die unreinen Vögel gerechnet? Er gab zur Antwort: Weil er nur den Seinen Liebe erweist.

Der Mensch
Rabbi Bunam sprach einmal: Wenn ich die Welt betrachte, erscheint es mir zuweilen, als sei jeder Mensch ein Baum in einer Wildnis, und Gott habe in seiner Welt keinen als ihn allein, und er keinen, dem er sich zuwenden könnte, als Gott allein.

Die Sorge
Ein Chassid klagte dem Kozker seine Armut und Bedrängnis. Sorge nicht, beschied ihn der Rabbi. Bete mit deinem ganzen Herzen zu Gott, und der Herr des Erbarmens wird sich deiner erbarmen. Ich weiß aber nicht, redete jener weiter, wie ich beten soll. Mit auffallendem Mitleiden sah ihn der Kozker an. Da hast du freilich, sprach er, eine große Sorge.

Das Gebet
Zum Psalmwort: Ich aber bin Gebet (Ps 109,4) sprach Rabbi Bunam: Das ist, wie wenn ein Armer drei Tage nichts gegessen hat und seine Kleider sind zerlumpt und so erscheint er vor dem König – braucht der noch zu sagen, was er begehrt? So stand David vor Gott, er selber als Gebet.

Geben und Nehmen
Rabbi Jizchak Eisik sprach: Die Losung des Lebens ist: Gib und nimm. Jeder Mensch soll ein Spender und Empfänger sein. Wer nicht beides in einem ist, der ist ein unfruchtbarer Baum.

Die Erkenntnis
Der Spruch des Predigers Salomo: Wer Erkenntnis mehrt, mehrt Schmerz (Koh 1,18) pflegte der Kozker Rabbi so auszulegen: Der Mensch soll seine Erkenntnis mehren, ob er damit auch unausweichlich seinen Schmerz mehrt.

Rein und unrein
Da hob ein Mann in zerrissenen Kleidern, der hinter dem Ofen saß und den Wanderstecken noch in der Hand hielt, zu reden an: O ihr Chassidim! Ihr macht viel Aufhebens, ob euch rein genug sei, was ihr in den Mund tut, aber was euch aus dem Munde geht, um dessen Lauterkeit tragt ihr minder Sorge! Rabbi Bunam wollte entgegnen. Schon aber war der Wandersmann, wie es Elias Sitte ist, verschwunden.

Das Wichtigste
Bald nach dem Tode Rabbi Mosches von Kobryn wurde einer seiner Schüler von Rabbi Mendel gefragt: Was war für Euern Lehrer das Wichtigste? Er besann sich, dann gab er die Antwort: Womit er sich gerade abgab.

Der Schrei
Rabbi Mendel redete einmal über den Schriftvers: Und Gott hörte die Stimme des Knaben (Gen 21, 17). Es war ja gar nicht erzählt worden, sagte er, daß Ismael seine Stimme hätte erschallen lassen. Nein, ein lautloser Schrei ist es gewesen, den Gott hörte.

Das Exil
Rabbi Chanoch sprach: Das eigentliche Exil Israels in Ägypten war, daß sie es ertragen gelernt hatten.

Das Herz
Rabbi Chanoch deutete das Schriftwort: Der Berg, entzündet im Feuer bis an das Herz des Himmels (Dt 4, 11): Das Feuer des Sinai brannte in die Menschen hinein, bis es ihnen ein Himmelsherz machte.

Der Tod
Zum Psalmvers: Ich sterbe nicht, nein, ich darf leben (Ps 118, 17) sprach Rabbi Jizchak: Erst muß der Mensch sich in den Tod geben. Damit er wahrhaft leben kann. Aber wenn er es tut, erfährt er, daß er nicht sterben, sondern leben könne[37].

Während hier die anekdotische Prägung vorherrscht, weisen die Sprüche, die Buber in den ‚Geschichten des Rabbi Nachman' aufführt, einen Zug ins Lehrhafte auf; auch das sollen einige Beispiele belegen:

Das Gotteslicht
Alle Nöte des Menschen kommen aus ihm selbst; denn das Licht Gottes ergießt sich ewig über ihn, aber der Mensch macht sich durch sein allzu

---

[37] A. a. O., 664; 663; 559; 646; 669; 698; 640; 607; 672; 615; 563; 693; 708; 710; 681.

körperliches Leben einen Schatten, so daß das Licht Gottes nicht zu ihm gelangen kann.

Der Menschengeist
Es gibt zweierlei Geist, der ist wie rückwärts und vorwärts. Es gibt einen Geist, den der Mensch im Gang der Zeiten erlangt. Aber es gibt einen Geist, der über den Menschen kommt in großer Fülle, in großer Eile, schneller als ein Augenblick; denn er ist über der Zeit, und es bedarf keiner Zeit zu diesem Geist.

Die Sprachen
Es gibt Menschen, die die Worte des Gebets zu sprechen vermögen in Wahrheit, so daß die Worte leuchten wie ein Edelstein, der aus sich selber leuchtet. Und es gibt Menschen, deren Worte nur wie ein Fenster sind, das kein Licht aus sich selber hat, das dem Licht nur Eingang gibt und aus ihm erstrahlt.

Die Anrufung
Es schreie ein jeder zu Gott und erhebe sein Herz zu ihm, als hinge er an einem Haar und der Sturmwind brauste bis zum Herzen des Himmels, bis daß er nicht wüßte, was er tun solle, und beinahe keine Zeit mehr hätte zu schreien. Und in Wahrheit ist ihm kein Rat und keine Zuflucht als einsam zu werden und seine Augen und sein Herz zu Gott zu erheben und zu ihm zu schreien. Dieses tue man zu jeder Zeit; denn der Mensch ist in der Welt in großer Gefahr.

Die Angst
Der Mensch ängstet sich vor Dingen, die ihm nichts antun können, und er weiß es; und er gelüstet nach Dingen, die ihm nicht fruchten können, und er weiß es; aber in Wahrheit ist es ein Ding im Menschen selbst, vor dem er sich ängstet, und es ist ein Ding im Menschen selbst, nach dem er gelüstet.

Der Weltzweck
Die Welt ist nur um der Wahl und des Wählenden willen geschaffen worden. Der Mensch, der Herr der Wahl, soll sagen: Die ganze Welt ist nur um meiner willen erschaffen worden. Daher soll jeder Mensch achten, zu jeder Zeit und an jedem Ort die Welt zu erlösen und ihren Mangel zu füllen.

Der Trieb
Der böse Trieb ist wie einer, der unter den Menschen umherläuft, und seine Hand ist geschlossen, und niemand weiß, was in ihr ist. Und er geht zu jedem und fragt: Was halte ich wohl in meiner Hand? Und jeden dünkt es, als sei das in der Hand, was er zuinnerst begehrt. Und alle laufen jenem nach. Und dann öffnet er seine Hand, und es ist nichts darin.

Die Freude
Durch die Freude wird der Sinn seßhaft, aber durch die Schwermut geht er ins Exil.

Die Belebung
Es gibt Menschen, die leiden furchtbare Not und können nicht sagen, was in ihrem Herzen ist, und sie gehen einher, voller Not. Kommt ihnen da einer entgegen mit lachendem Angesicht, er vermag sie zu beleben mit seiner Freude. Und das ist kein geringes Ding: einen Menschen beleben[38].

In diesen Zeugnissen, in die sich die chassidische Botschaft verzweigt, bestätigt sich, vom Gegenstand seiner mystischen Forschung her, Bubers eigener Stundpunkt. Zum einen handelt es sich um eine Weisheit, die, mit *Nikolaus von Kues* zu reden, ihren „Ort" nicht in den Räumen der Wissenschaft, sondern auf Straßen und Plätzen hat. Es ist die Weisheit, in der sich die von Buber vertretene „Alltagsmystik" verlautbart. Zum andern erklären diese Zeugnisse, wie er zu seinem Grundsatz kommen konnte: „Ich habe keine Lehre; ich führe ein Gespräch." Der chassidischen Botschaft geht es um keine festgeschriebene Lehre; wohl aber sucht sie das Einvernehmen mit dem geängsteten, versuchten und doch zum Größten, der Mitwirkung am Schöpfertum Gottes, berufenen Menschen.

4.
Mystik und Politik

Ausgehend von der Überzeugung, daß der Chassidismus die einzige Mystik sei, in der die Zeit geheiligt wird, versichert Buber im Schlußwort seiner ‚Chassidischen Botschaft':

> Der Chassidismus sprengt den geläufigen Begriff der Mystik. Glaube und Mystik sind nicht zwei Welten, obgleich in ihnen immer wieder die Tendenz zu zwei selbständigen Welten zu werden, die Oberhand gewinnt. Die Mystik ist das Gebiet am Grenzrand des Glaubens, das Gebiet, in dem die Seele Atem holt zwischen Wort und Wort[39].

An sich, so begründet er seine These, verfolgen Mystik und Glaube Linien, die sich ihrer Natur nach nicht überschneiden; denn die Mystik sei der zeitlosen Erleuchtung, der Glaube der in

---

[38] *Buber,* Die Geschichten des Rabbi Nachman, 37; 39; 38; 39; 41.
[39] *Buber,* Die chassistische Botschaft, 217.

der Zeit geschehenden und sie gestaltenden Offenbarung zugeordnet. Nur im Chassidismus findet die Mystik ihre Inspiration in dem, was in der Zeit geschieht. Damit ist der Mystik chassidischer Prägung die Fähigkeit zugesprochen, als geistige Macht ins Zeitgeschehen einzugreifen. In der Konsequenz dessen wird schließlich sogar ihre Abgrenzung gegenüber dem fließend, was ihr am fernsten zu liegen scheint: zur Politik. Das Verhältnis von Mystik und Politik ist das Thema des einzigen Romans, den Buber verfaßte und den er unter dem Titel ‚Gog und Magog' zunächst auf hebräisch (1941) und dann in deutscher Fassung (1949) veröffentlichte. Er selbst spricht von einer „Chronik", um damit anzudeuten, daß sein Bericht auf ein historisches Spannungsverhältnis im Chassidismus zurückgeht und überdies auf geschichtlich existierende Gestalten Bezug nimmt. Indessen ist das Spannungsfeld, in dem diese Gestalten agieren, so geartet, daß sich daraus dramatische Zuspitzungen im Sinn einer Romanhandlung ergeben. In diese Richtung deutet auch die Selbstrechtfertigung im Nachwort des Werkes, die sich abschließend unmittelbar auf Bubers programmatischen Grundsatz bezieht:

> Ich aber habe keine „Lehre". Ich habe nur die Funktion, auf ... Wirklichkeiten hinzuzeigen. Wer eine Lehre von mir erwartet, die etwas anderes ist als eine Hinzeigung dieser Art, wird stets enttäuscht werden. Es will mir jedoch scheinen, daß es in unserer Weltstunde überhaupt nicht darauf ankommt, feste Lehre zu besitzen, sondern darauf, ewige Wirklichkeit zu erkennen und aus ihrer Kraft gegenwärtiger Wirklichkeit standzuhalten. Es ist in dieser Wüstennacht kein Weg zu zeigen; es ist zu helfen, mit bereiter Seele zu beharren, bis der Morgen dämmert und ein Weg sichtbar wird, wo niemand ihn ahnte[40].

Danach will Buber seine Chronik als Fingerzeig und Hinweis verstanden wissen, durch welche Wirkliches erklärt und im Maß der erreichten Klärung – verändert wird. Denn er ist im Unterschied zu der berühmten These von *Karl Marx* davon überzeugt, daß die Veränderung der gegebenen Verhältnisse nicht erst mit der politischen Tat, sondern bereits mit ihrer Interpretation beginnt. Nur scheinbar steht das mit der Chrakterisierung des Werkes als „Roman" in Widerspruch. Denn Buber ist zu tief in der Welt des biblischen Denkens verwurzelt, als daß er nicht mit dem Gedanken vertraut wäre, daß im Grenzfall auch mit Parabeln und

---

[40] *Buber,* Gog und Magog. Eine Chronik, Heidelberg 1949, 407 f.

Gleichnissen – Politik gemacht werden kann. Nicht umsonst nennt er die nach dem Bericht des Richterbuchs von Jotham gegen die Mörder seiner Brüder gerichtete und „mit hocherhobener Stimme" vorgetragene Pflanzen-Fabel (Ri 9, 7–20) die „stärkste antimonarchische Dichtung" der Weltliteratur[41]. Mit dem Schlußwort seiner Reflexion über ‚Geltung und Grenze des politischen Prinzips' (von 1951) bekräftigt Buber diese Idee des geistigen Eingriffs ins politische Zeitgeschehen, jetzt nur im Blick auf die Rolle, die dabei den „religiösen Querdenkern" zufällt:

> Wir leben in einer Weltstunde, in der das Problem des gemeinsamen Menschengeschicks so widerborstig geworden ist, daß die routinierten Verweser des politischen Prinzips zumeist sich nur noch zu gebärden vermögen, als ob sie ihm gewachsen wären. Sie reden Rat und wissen keinen; sie streiten gegeneinander, und eines jeden Seele streitet gegen ihn selber. Sie brauchten eine Sprache, in der man einander versteht, und haben keine als die geläufige politische, die nur noch zu Deklarationen taugt. Vor lauter Macht sind sie ohnmächtig und vor lauter Künsten unfähig, das Entscheidende zu können. Vielleicht werden in der Stunde, da die Katastrophe ihre letzte Drohung vorausschicken wird, die an der Querfront Stehenden einspringen müssen. Sie, denen die Sprache der menschlichen Wahrheit gemeinsam ist, müssen dann zusammentreten, um mitsammen zu versuchen, endlich Gott zu geben, was Gottes ist, oder, was hier, da eine sich verlierende Menschheit vor Gott steht, das gleiche bedeutet, dem Menschen zu geben, was des Menschen ist, um ihn davor zu retten, daß er durch das politische Prinzip verschlungen wird[42].

Dem Realismus Bubers entgeht es dabei keineswegs, daß gerade der religiöse Mensch beim Versuch, aus gläubiger Gesinnung auf das Zeitgeschehen Einfluß zu gewinnen, der Anfechtung durch „fremde Gedanken" ausgesetzt ist. Und im Grunde behandelt ‚Gog und Magog' gerade den damit heraufbeschworenen Konflikt. Dabei verfährt der Verfasser wie *Gertrud von le Fort*, die es vorzog, gegenwärtige Probleme in Epochen historischer Vergangenheit zurückzuspiegeln, „um sie, von der allzu bedrängenden Nähe gelöst, reiner und ruhiger formen zu können"[43]. Demgemäß ist seine Chronik in einer Epoche angesiedelt, die wie die gegenwärtige

---

[41] *Buber*, Königtum Gottes, in: Werke II, 562; dazu die Ausführungen meiner Theologischen Sprachtheorie und Hermeneutik, München 1970, 149.
[42] *Buber*, Geltung und Grenze des politischen Prinzips, in: Werke I, 1108.
[43] *G. von le Fort*, Aufzeichnungen und Erinnerungen, Einsiedeln 1951, 82 f; Näheres dazu in meiner Studie ‚Überredung zur Liebe. Die dichterische Daseinsdeutung Gertrud von le Forts', Regensburg 1980, 130.

Weltstunde durch den Begriff „Gottesfinsternis" gekennzeichnet ist. Es ist die Zeit Napoleons, der aus der Sicht des „Sehers von Lublin", der profilierteren der beiden Hauptfiguren, als Vorbote des vom Propheten Ezechiel angesagten endzeitlichen Widersachers Gottes, des „Gog des Landes Magog" (Ez 38,2), zu gelten hat. Der Seher vermeint im Sinn seiner Glaubensweise zu handeln, wenn er Gott durch magische Praktiken zu veranlassen sucht, den „Vorboten" zur Vollgestalt des endzeitlichen Widersachers zu überhöhen, damit die definitive Entscheidung zwischen Gut und Böse herbeigeführt und dadurch der Anbruch des Reiches Gottes beschleunigt werden kann. Und er ist davon um so mehr durchdrungen, als er sich im Sinn kabbalistisch-gnostischer Vorstellungen dazu berufen fühlt, die in die dunklen Tiefen des Weltgeschehens abgesunkenen „klaren Lichter" von ihren schmutzigen Kleidern zu befreien und so die mit sich selbst entzweite Schöpfung der uranfänglichen Einheit entgegenzuführen [44]. So aber verfällt er der Fehlhaltung, das „beschleunigen" zu wollen, was allein der freien, unverfügbaren Selbstentscheidung Gottes vorbehalten ist. Der wahrhaft Glaubende aber wird, wie Buber mit großer Betonung und unter Hinweis auf das Verhalten Jesu in ‚Zwei Glaubensweisen' versichert, „nicht beschleunigen"; denn er „wirkt im Tempo Gottes" [45]. Damit umreißt er den Standpunkt des dem „Seher" erwachsenen Gegenspielers, des „Juden", der mit jenem in der Zeitdiagnose einiggeht, daraus aber entgegengesetzte Konsequenzen zieht:

Die Zeiten der großen Probe, erwidert der „Jude", sind die der Gottesfinsternis. Wie wenn die Sonne sich verfinstert, und wüßte man nicht, daß sie da ist, würde man meinen, es gäbe sie nicht mehr, so ist es in solchen Zeiten. Das Antlitz Gottes ist uns verstellt, und es ist, als müßte die Welt erkalten, der es nicht mehr leuchtet. Aber die Wahrheit ist, daß gerade erst dann die große Umkehr möglich wird, die Gott von uns erwartet, damit die Erlösung, die er uns zudenkt, unsre eigne Erlösung werde. Wir nehmen ihn nicht mehr wahr, es ist finster und kalt als ob es ihn nicht gäbe, es erscheint sinnlos zu ihm umzukehren, der doch, wenn er da ist, sich gewiß nicht mit uns abgeben wird, es erscheint hoffnungslos zu ihm durchdringen zu wollen ... Ungeheures muß in uns geschehen, damit wir die Bewegung vollziehen. Aber wenn das Ungeheure geschieht, ist es die große

---

[44] *Buber,* Die chassidische Botschaft, 83.
[45] *Buber,* Zwei Glaubensweisen, 20f.

Umkehr, die Gott erwartet. Die Verzweiflung sprengt das Verlies der heimischen Kräfte. Die Quellen der Urtiefe brechen auf[46].

In dieser Stunde der großen Verlassenheit wird auch der Jude von der Versuchung angefochten, in Gott zu dringen, um ihm die rettende Tat abzuringen. Da träumt ihm, daß er die Welt verbrennen und alle Sterne zersplittern sah. Um einen Halt zu finden, schlägt er die Schrift auf und stößt auf das Gotteswort an Baruch: „Wohlan, was ich baute, muß ich schleifen, was ich pflanzte, muß ich reuten, die ganze Erde, die mein ist, – und du, du begehrst dir Großes?! Begehr's nimmer!" Da ist ihm, „als flögen die himmlischen Engel durch das Haus, um die Worte mit anzuhören". Und immer wieder vernimmt er die Mahnung: „Begehr's nimmer!" Und er findet in diesem Zuspruch Halt[47]. Darin sieht er sich bestätigt durch eine traumhafte Vision, in der er eine große Frau gewahrt,

... vom Scheitel bis an die Knöchel in einen schwarzen Schleier gehüllt. Nur die Füße waren nackt, und durch den Rest der Lache, in dem sie standen, war zu sehen, daß Staub, wie von einer Wanderschaft auf der Landstraße, sie bedeckte, dazwischen aber erschienen blutende Wunden. Die Frau sprach: Ich bin ermattet, denn ihr habt mich gehetzt. Ich bin siech, denn ihr habt mich gepeinigt. Ich bin beschämt, denn ihr verleugnet mich. Ihr seid der Zwingherr, der mich in der Verbannung hält. Wenn ihr einander feind seid, hetzet ihr mich. Wenn ihr einander verleumdet, verleugnet ihr mich. Jeder von euch verbannt seine Gefährten, und so verbannt ihr mitsammen mich ... Ich bin in Wahrheit bei euch. Wähne nicht, meine Stirn entsende himmlische Strahlen. Die Glorie ist drüben geblieben. Mein Gesicht ist das der Kreatur. Sie hob den Schleier vom Gesicht, und er erkannte es[48].

Was der „Jude" gewahrt, ist die Gestalt der göttlichen Selbsterniedrigung und Einwohnung, von der er in der Folge seinen Schülern erklärt:

Zwiefach aber hat er ein wahres Knechtsgewand angezogen. Das eine ist, daß er der Welt seine Schechina, seine Einwohnung, zugeteilt hat, und hat sie, seine Schechina, in die Geschichte der Welt eintreten und Widerspruch und Leid der Welt mitmachen lassen, und hat sie, seine Schechina, in das Exil des Menschen und in das Exil Israels mitgeschickt ... Das andre ist, daß er die Erlösung seiner Welt der Macht unserer Umkehr überant-

---

[46] *Buber*, Gog und Magog, 151.
[47] A. a. O., 144f.
[48] A. a. O., 294f.

wortet hat. Es steht geschrieben: Kehret um, abgekehrte Söhne, ich will eure Abkehrungen heilen. Gott will seine Schöpfung nicht anders als mit unserer Hilfe vollenden können. Er will sein Reich nicht offenbaren, ehe wir es gegründet haben. Die Krone des Königs der Welt will er nicht anders sich aufsetzen, als indem er sie aus unserer Hand entgegennimmt. Er will sich mit seiner Schechina nicht eher vereinigen, als bis wir sie ihm zuführen. Mit bestaubten und blutenden Füßen läßt er sie die Landstraße der Welt ziehen, weil wir uns ihrer nicht erbarmen[49].

Hier rührt, wenn irgendwo, Bubers Dichtung an die „Achse" seines Denkens. Es ist das Denken einer vermittelten Einung mit Gott, vermittelt durch die Schechina, die sich wie ein Schutzwall gegen alle pantheisierenden Tendenzen erhebt und ihm gleichzeitig die Einstimmung auf das „Tempo Gottes" abverlangt. In der Figur des „Sehers" entwirft er das Gegenbild dieser „Glaubensmystik", mit dem er, wie der Fortgang seiner Chronik zeigt, eine Haltung beschwört, die sich auch durch eindringliche Warnungen nicht davon abhalten läßt, dem göttlichen Geschichtshandeln manipulatorisch vorzugreifen. Zwar meint er, daß der Gottesfeind aus dem Norden, zu dem er Napoleon überhöht sehen wollte, bereits „Bogen und Pfeile verloren" habe; doch sieht er sich in seiner eschatologischen Erwartung schrecklich getäuscht. So behält für ihn die vorwurfsvolle Frage das letzte Wort:

Haben unsere Weisen nicht gewarnt ...? Haben sie nicht gewarnt: Bedränget nicht das Ende[50]!

Die Chronik schließt mit dem Bericht vom Ende der beiden Kontrahenten, die in kurzer Abfolge nacheinander sterben: der „Jude" mit einer Anrufung der Schechina auf den Lippen, sein Gegenspieler mit staunend aufgerissenen Augen und dem Ruf: „Höre, Israel!" Die Anhänger des „Sehers", die sich in seine messianische Erwartung hineingesteigert hatten, aber sind von den Nachrichten über Napoleons Niederlage wie betäubt: natürlich nicht wegen des Sieges über ihn, sondern wegen der Tatsache, daß nunmehr „das Leben der Erde in die gewohnten Geleise zurückgeht". Nur in der Umgebung des „Juden" wurde begriffen, „daß all das so war wie es sein mußte"; denn dort ging das Wort um: „Zum Messias geht man nicht, man kommt zu ihm[51]." Für das Verhält-

---

[49] A. a. O., 296f.
[50] A. a. O., 335
[51] A. a. O., 369f.

nis von Mystik und Politik aber besagt dies, daß es für den Glaubenden nur eine Weise des Eingreifens in die Geschichte gibt: den Weg der Ergebung und des Eingehens in den göttlichen Willen. Daß das, entgegen heutiger Befürchtung, kein Weg zu fatalistischer Indifferenz – oder doch politischer Abstinenz –, sondern zu höchster Konzentration und Mitverantwortung ist, hat in seiner Sprache bereits *Schiller* mit dem denkwürdigen Vers zum Ausdruck gebracht, der sich wie das lange zuvor schon gedichtete Motto zu ‚Gog und Magog' ausnimmt:

> Nehmt die Gottheit auf in euren Willen,
> Und sie steigt von ihrem Weltenthron[52].

---

[52] Das Ideal und das Leben, in: *Schiller*, Dramen und Gedichte, Stuttgart 1955, 1076.

III
Die Frage nach dem Menschen

1.
Die biblische Urfrage

Sofern Buber als Theologe zu gelten hat, vollzieht er auf paradigmatische Weise die „anthropologische Wende", in der die Theologie der Gegenwart seit Beginn des Jahrhunderts begriffen ist. Denn für ihn gibt es keine Aussage über Gott, in der nicht zugleich der Mensch mitausgesagt wäre. Sein Gott ist, wie die göttliche Selbstkundgabe am brennenden Dornbusch will, ein „Gott für die Menschen", und der Mensch, wie er ihn sieht, seiner innersten Bestimmung nach „capax Dei", das Gott zugewandte, auf Gott hingeordnete Wesen. Daher gehört die Anthropologie zur Vollständigkeit seiner Theologie. Sie ist in ihr mitgesagt und braucht im Grunde nur ausdrücklich gemacht zu werden. Das aber ist nicht ins Belieben gestellt; denn Buber versteht sich in erster Linie als Erzieher, und das bringt es mit sich, daß sich ihm die Frage nach dem Menschen in zweifacher Hinsicht ausdrücklich stellt.

Das eine wie das andere wird durch einen neuerlichen Vergleich mit *Guardini* deutlich. Denn auch bei diesem war es letztlich der pädagogische Impuls, der ihn zu wiederholter Auseinandersetzung mit dem anthropologischen Problem veranlaßte. Doch kam bei ihm zu diesem „Sachzwang" eine erkenntnistheoretische Nötigung hinzu. Im Dialog mit dem allzu früh aus seinem Schaffen herausgerissenen Philosophen *Gerhard Krüger* machte Guardini geltend, daß er im Unterschied zu diesem den Menschen nicht aus der Perspektive des philosophischen Staunens, sondern der erzieherischen Sorge zu würdigen suche. Sein Blick sei deshalb nicht auf das unveränderliche Wesen, sondern auf die mit diesem Wesen verknüpfte Geschichtlichkeit des Menschen gerichtet.

Deshalb unterscheide sich seine Sicht des Menschseins wesentlich von dem, was die philosophische Erkundung zu Gesicht bekommt[1]. Mit einem noch genauer zu bedenkenden Unterschied trifft das auch auf Buber zu. Nur wirkt bei ihm der theologische Ansatz noch in der Form nach, daß er zunächst auf die Problematik der Frage nach dem Menschen eingeht. In aller Form geschieht das zu Beginn seiner anthropologischen Grundschrift, die sich thematisch mit dem ‚Problem des Menschen' (von 1948) befaßt[2].

Nach einem Hinweis auf *Malebranche,* der die Wissenschaft vom Menschen als die „des Menschen würdigste" bezeichnete, gewinnt Buber seinen Ausgangspunkt im Anschluß an die berühmte Stelle aus *Kants* „Handbuch" zu seinen Vorlesungen über Logik, die alles philosophische Fragen, wie dies bereits in der ‚Kritik der reinen Vernunft' geschehen war, auf die drei Hauptfragen: Was kann ich wissen?" „Was soll ich tun?" „Was darf ich hoffen?" zurückführt, um dann in einer noch radikaleren Vereinfachung auch diese auf eine letzte Grundfrage der „Philosophie nach dem Weltbegriff" zurückzunehmen, auf die Frage: „Was ist der Mensch?[3]" Damit hatte Kant nach Bubers einleuchtender Interpretation freilich mehr erfragt, als er mit der von ihm damals vorgetragenen ‚Anthropologie' zu beantworten vermochte. Zwar war es ihm aufgrund der „Hebelwirkung" seiner Frage gelungen, die Philosophie insgesamt in eine neue Perspektive zu rücken und als eine einzige Selbstexplikation des Menschen zu erweisen. Doch war ihm die subjektive Rückbezüglichkeit der Frage verborgen geblieben, da sich seine Frageweise im Sinn der platonisch-idealistischen Tradition auf das Wesenhaft-Allgemeine am Menschen bezog, nicht jedoch auf das konkrete Ich des Fragenden selbst. So aber hatte, lange vor ihm, der von der Einsamkeit seines Menschseins angefochtene *Augustinus* gefragt. Im Unterschied zu Kant stellt er die Frage in der ersten Person, und das besagt, aus dem Blickwinkel dessen, „der die Menschen anklagt, daß sie Bergesgipfel, Meeresflut und den Lauf der Sterne bewundern, sich selber aber ‚verlassen', ohne über sich zu erstaunen"[4]. Auch hier ist es nicht mehr die vom philosophischen Staunen eingegebene Suche nach dem „Was" des Menschen, was die Fragebewegung vorantreibt, sondern der Gedanke an das gleichlautende und doch ganz

---

[1] So Guardinis Antwort auf Gerhard Krüger in dem Sammelband ‚Unsere geschichtliche Zukunft', Würzburg 1953, 95–108.
[2] *Buber,* Das Problem des Menschen, Heidelberg 1948, 10–21.
[3] A.a.O., 10ff.
[4] A.a.O., 26.

anders gemeinte Psalmwort: „Was ist der Mensch, daß du seiner gedenkst?" (Ps 8,5)[5]. Denn hier stand das Geheimnis dessen zur Rede, dem das Sein nicht nur zugelegt, sondern als die ihn lebenslang bewegende Aufgabe überantwortet ist. Anders als Kant steht Augustinus noch ganz im Bann dieser Selbstverantwortung, wenn er gleichklingend und doch fast gegensinnig fragt: Quid ergo sum, Deus meus?

Aus dem weiten Feld, das der Menschengeist auf seinem Weg von Augustinus zu Kant durchmißt, ragen einzelne Gestalten heraus, denen sich Bubers besondere Aufmerksamkeit zuwendet. Als erste *Dante* und *Thomas*, der dem Dichter die „begrifflichen Umrisse" vorgezeichnet hat[6]. In Dantes Jenseitsreise durchwandert der Menschengeist die Räume des „Hauses", das ihm zur Wohnung zubestimmt und auf dem Grundriß des Kreuzes aufgebaut ist. Dabei führt dessen Längsbalken „vom Himmel bis zur Hölle mitten durch das Herz der menschlichen Person", während der Querbalken „die endliche Zeit von der Erschaffung der Welt bis zum Ende der Tage" bezeichnet. Im Zentrum steht demgemäß das Kreuz Christi, dessen Schatten „bedeckend und erlösend auf die Mitte des Raumes, das Herz des armen Sünders", fällt[7]. Das ist mit einem kritischen Seitenblick auf *Thomas von Aquin* gesagt, der Dante zwar Orientierungshilfe bietet, den Menschen jedoch immer nur „in der dritten Person" zu Wort kommen läßt. So ist die anthropologische Frage, die bei *Augustinus* durch das Moment subjektiver Betroffenheit aufgeladen worden war, bei ihm „wieder zur Ruhe gekommen". Zwar spiegelt sich etwas von der Dramatik des Menschseins in seinem Bild, das den Menschen „Horizont und Grenzscheide der geistigen und körperlichen Natur" nennt; doch gibt es bei ihm kaum noch einen „Antrieb, der nicht bald beschwichtigt wäre"[8].

In diese Kritik bleibt auch noch der große Denker des Übergangs vom Mittelalter zur Neuzeit, *Nikolaus von Kues*, einbezogen, der in seiner Kühnheit zwar den Menschen einen menschli-

---

[5] Wenn man dem Heidelberger Wirtschaftswissenschaftler *Alexander Rüstow* folgen darf, steht aber auch *Kant* trotz seiner vergegenständlichenden Denkweise noch immer im Bann des bis in die neuzeitliche Philosophie und Literatur hineinwirkenden Psalmworts.

[6] A. a. O., 27.

[7] Ebd.

[8] A. a. O., 28.

chen Gott und eine „Zusammenziehung“ und Abbreviatur des Universums nennt, den „tödlichen Ernst des Fragens nach dem Menschen“ jedoch verfehlt:

> Zwar spricht Cusanus die räumliche und zeitliche Unendlichkeit der Welt aus, spricht damit der Erde den Charakter des Mittelpunkts ab und vernichtet in Gedanken das mittelalterliche Schema. Aber diese Unendlichkeit ist nur erst eine gedachte, noch nicht eine geschaute und gelebte. Der Mensch ist noch nicht wieder einsam, er hat noch nicht wieder gelernt, die Frage des Einsamen zu fragen[9].

Die entscheidende Wende in der anthropologischen Fragestellung führt erst *Pascal* herbei: ein „großer Forscher, ein Mathematiker und Physiker, jung und zu frühem Sterben bestimmt“. Im Unterschied zu Kant erfährt er unter dem gestirnten Himmel nicht bloß „dessen Erhabenheit, sondern gewaltiger noch dessen Unheimlichkeit“:

> Mit einer Klarheit, die bis auf unsere Tage nicht überboten worden ist, durchspürt er die beiden Unendlichkeiten, die des unendlich Großen und die des unendlich Kleinen, und lernt so die Beschränktheit, die Unzulänglichkeit, die Beiläufigkeit des Menschen erkennen[10].

Die renaissancehafte Begeisterung über den Menschen und seine grenzenlosen Möglichkeiten ist bei Pascal einer klarsichtigen, schwermütigen, aber gläubigen Nüchternheit gewichen. Der Selbstherrlichkeit des Cusanus, „in der der Mensch alles in sich zu tragen und daher alles erkennen zu können sich rühmte“, tritt bei Pascal die „Einsicht des Einsamen entgegen“, der sich einer zweifachen Unendlichkeit ausgesetzt weiß und lernen muß, in diesem Spannungsfeld sein Dasein auszuhalten[11]. Damit gewinnt die Sonderstellung des Menschen im Kosmos ein neues, zwiespältiges Gesicht. Er ist dem Universum überlegen, weil er um seine Unterlegenheit weiß; doch schützt ihn dieses Wissen nicht davor, von den Gewalten des Daseins vernichtet zu werden: un roseau pensant[12]. So ist die Einsamkeit des Menschen, wie sie von Pascal erlitten wird, nicht nur später als die von *Augustinus* erfahrene; sie ist auch „vollständiger und schwerer zu überwinden“[13]. Vor

---

[9] A. a. O., 30.
[10] A. a. O., 31.
[11] Ebd.
[12] A. a. O., 32.
[13] A. a. O., 33.

diesem Hintergrund gewinnt die anthropologische Fragestellung Kants ein neues, zugleich auf Pascal zurückgewandtes und der Gegenwart zugekehrtes Gesicht. An Pascal zurückgewandt würde sie nun besagen:

> Was dir aus der Welt, dich erschreckend, entgegentritt, das Geheimnis ihres Raums und ihrer Zeit, ist das Geheimnis deines eigenen Fassens der Welt und deines eigenen Wesens. Deine Frage ‚Was ist der Mensch?' ist also eine echte Frage, der du die Antwort suchen mußt[14].

Im Gegensinn, also zur Gegenwart hin gelesen, „erweist sich diese Antwort auf Pascal" in aller Deutlichkeit als ein Vermächtnis an unser Zeitalter. Mit diesem Vermächtnis „wird kein neues Welthaus für den Menschen entworfen"; vielmehr wird von ihm, dem Baumeister der zu seiner geistigen Beheimatung errichteten Häuser, „Besinnung gefordert, sich selber zu erkennen". Verschärft wird der von der anthropologischen Frage auf die Gegenwart ausgehende Sinndruck durch den Beitrag *Nietzsches,* der den Menschen nach seiner „gewaltsamen Abtrennung von der tierischen Vergangenheit" im ständigen Übergang zu sich selbst begriffen sieht. Für ihn ist der Mensch „kein Ziel, sondern nur ein Weg, ein Zwischenfall, eine Brücke, ein großes Versprechen". Was Nietzsche damit entdeckt, ist die „Plastizität" des Menschseins; denn der Mensch „ist etwas Flüssiges und Bildsames – man kann aus ihm machen, was man will"[15]. Die volle Wahrheit wäre freilich erst mit dem Zusatzgedanken erreicht, daß die Bildsamkeit seines Wesens den Menschen in erster Linie selber angeht. Denn die von Nietzsche angesprochene Möglichkeit der Fremdsteuerung setzt voraus, daß er sein Dasein selbst in die Hand nehmen und in die ihm zusagende Gestalt bringen kann. In diesem Sinne hatte der Renaissancephilosoph *Pico della Mirandola* bereits der Entdeckung Nietzsches vorgearbeitet, als er in seinem Traktat über die Würde des Menschen (von 1486) den Schöpfer zum Werk des letzten Schöpfungstages sagen ließ:

> Mitten in die Welt habe ich dich gestellt, damit du das, was in ihr vorgeht, um so leichter überblicken kannst. Weder himmlisch noch irdisch, weder sterblich noch unsterblich habe ich dich geschaffen, damit du dir die Form geben kannst, die dir am meisten zusagt. Du kannst zum Niede-

[14] A. a. O., 41.
[15] A. a. O., 64f.

ren, zur Tierheit, entarten. Du kannst dich aber genausogut aus freiem Antrieb zur Höhe des Göttlichen erheben[16].

Zwar verfolgt Buber die weitere Problemgeschichte am Leitfaden der klassischen Was-Frage. Doch wird man sich in diesem Zusammenhang daran erinnern müssen, daß er in seinem Bericht über die Entstehungsgeschichte des dialogischen Prinzips von „Cohens erstaunlichem Schüler" *Franz Rosenzweig* gesagt hatte:

> Aber in dem Verstehen des Du als eines gesprochenen geht er, von der dichten Konkretheit seines Sprachdenkens befeuert, bemerkenswert über Cohen hinaus: die wesentliche Gesprochenheit des Du ist ihm in Gottes an Adam gerichtetem „Wo bist du?" gefaßt, und dieses ausdeutend fragt er: „Wo ist ein solches selbständiges, dem verborgenen Gott frei gegenüberstehendes Du, an dem er sich als Ich entdecken konnte?" Daß nun von hier aus innerbiblisch ein Weg zu jenem „Ich habe dich beim Namen gerufen. Du bist mein" sichtbar wird, mit dem Gott sich „als der Urheber und Eröffner dieses ganzen Zwiegesprächs zwischen ihm und der Seele" ausweist, das ist Rosenzweigs bedeutungsvoller theologischer Beitrag zu unserer Sache[17].

Man mag es bedauern, daß Buber diesem Denkanstoß nicht folgte und seine Deutung des Menschseins nicht aus der Perspektive der biblischen Wo-Frage entwickelt hat. Doch wird man zugeben müssen, daß für ihn die Frage *Kants* transparent war auf die des 8. Psalms: „Was ist der Mensch, daß du seiner gedenkst?" und daß er in dieser die Gottesfrage „an Adam" nachklingen hörte. Sonst hätte er unmöglich das Menschsein so konsequent als „dialogische Existenz" verstehen und explizieren können. Doch was war damit gemeint?

2.
Überwindung der Urdistanz

Aus den Einblicken, die Buber in die Werdegeschichte seines Denkens gewährt, geht hervor, daß er auf dem Weg vom Idealismus zu seinem eigenen Standpunkt nicht nur den „Feuerbach", sondern

---

[16] Näheres dazu in meiner Abhandlung ‚Menschsein in Anfechtung und Widerspruch', Düsseldorf 1980, 30ff.

[17] *Buber*, Zur Geschichte des dialogischen Prinzips, in: Werke I, 296; bei *Buber* selbst klingt diese Fragestellung in der Episode „Wo bist du?" der ‚Erzählungen der Chassidem' an: Werke II, 389f.

vor allem das „Läuterungsfeuer" *Kierkegaard* durchschreiten mußte. Diese Herkunft wirkte bei ihm in der Form nach, daß er stets die Denkbewegung vom Ich zum Du vollzieht, obwohl ihm bewußt ist, daß es des gegenüber-seienden Du bedarf, damit überhaupt „Ich" gesagt werden kann. Auf geradezu programmatische Weise drückt sich diese Denkbewegung in dem Titel ‚Urdistanz und Beziehung' (von 1951) aus, mit dem er die „Prolegomena" zu seiner Anthropologie überschrieb. So sehr er indes an dieser Grundposition festhält, gilt für ihn doch in der Erkenntnisordnung:

> Zwar sagt das Kind erst Du, ehe es Ich sagen lernt; aber auf der Höhe des persönlichen Daseins muß man wahrhaft Ich sagen können, um das Geheimnis des Du in seiner ganzen Wahrheit zu erfahren [18].

Diesem Tatbestand trägt Buber in der Form Rechnung, daß er sich in seiner anthropologischen Grundschrift zunächst mit den Erbschaftsverwaltern des Deutschen Idealismus, vornehmlich mit Scheler und Heidegger, befaßt, bevor er dann in ‚Urdistanz und Beziehung' den Grundriß der eigenen Konzeption skizziert. So konnte der Eindruck entstehen, daß er das Ich-Du-Verhältnis noch „ganz selbstverständlich von dem Ich und seinen Haltungen" her beschrieb, während der volle Durchbruch zur Vorrangigkeit des Du erst den Dialogikern der zweiten Generation, allen voran *Emanuel Lévinas,* gelungen sei [19]. Doch zeigt schon die Schärfe der Buberschen Kritik, daß diesem Urteil eine optische Täuschung zugrunde liegt. Deshalb muß der Gang dieser Kritik wenigstens bruchstückhaft nachgezeichnet werden.

Schon zu Beginn der Grundschrift hält Buber seinem Intimgegner *Heidegger* vor, die Fragestellung Kants verschoben und die Frage nach dem Menschen zu der nach der Endlichkeit des Menschen verkürzt zu haben. So aber wird der Mensch schon von der Fragestellung her auf sich selbst zurückgenommen, zu einem Wesen der Exklusivität: „Das Selbst Heideggers ist ein geschlossenes System" [20]. Damit verliert der Mensch aber unweigerlich elementare Formen seiner Selbstverwirklichung. Zwar ergeht an ihn ein Anruf; doch ist es nicht der „Ruf des gegenwärtigen Seins: Wo

---

[18] *Buber,* Das Problem des Menschen, 114f.

[19] Dazu *Hans H. Henrix,* Verantwortung für den Andern und die Frage nach Gott, Aachen 1984, 25.

[20] A.a.O., 108.

bist du?" Vielmehr ruft das Dasein – im Gewissen – sich selbst[21]. Dieselbe Reduktion erleidet die Lebenswelt des Menschen und seine Grundbeziehungen zu ihr. Es ist eine Welt des Vor- und Zuhandenen, mit der er sich „besorgend" befaßt. Auch dort, wo ihm aus dieser Lebenswelt Seinesgleichen entgegentreten, ändert sich das Grundverhältnis nur partiell. In diesem Fall wandelt sich die Sorge zur „fürsorgenden" Zuwendung. Von Wort und Liebe ist nicht die Rede. Denn es gibt in Heideggers Welt keine Partnerschaft, mit der ein Dialog aufgenommen werden könnte; alles Reden verbleibt letztlich im Horizont eines mit sich selbst geführten Monologs. Und es gibt in ihr kein Gegenüber, das geliebt werden könnte; denn die Stelle des entgegnenden Du ist immer schon besetzt durch die Figur des anonymen „Man", das den Menschen auf Formen eines herabgesetzten, entfremdeten Daseins niederzwingt. So übernimmt Heidegger von *Kierkegaard* zwar die Grundkategorie, aber in radikal säkularisierter Form. An jenem gemessen vollzieht er mit seiner Anthropologie einen großen Schritt, jedoch in Richtung „auf den Abgrund zu, wo das Nichts beginnt"[22].

Im Unterschied zu Heidegger geht *Scheler* nicht von der Alltäglichkeit, sondern von der Problematik des Menschseins aus. In seiner Sicht sind wir das „erste Zeitalter, in dem sich der Mensch völlig und restlos ‚problematisch' geworden ist; in dem er nicht mehr weiß, was er ist, zugleich aber auch *weiß, daß* er nicht weiß"[23]. Deshalb gibt es für ihn nur einen Weg, dem Geheimnis des Menschseins beizukommen: wenn man im Bruch mit allen theologischen und philosophischen Deutungen versucht, voller Verwunderung auf das Mensch genannte Wesen hinzublicken[24]. Dann gewahrt man in der Wesenstiefe des Menschen den Widerstreit der beiden Attribute des Weltgrunds: Geist und Drang. Zwar ist in ihm in erster Linie das geistige Attribut des Seienden manifest:„in der Konzentrationseinheit der sich zu sich sammelnden Person". Als Widerpart des Drangs ist der Geist aber selbst dort, wo er sich zur Person verfaßt, also im Menschen, ursprünglich ohne alle Macht. Seinsmächtig wird er nur dadurch, daß er sich

---

21 A.a.O., 98f.
22 A.a.O., 126.
23 A.a.O., 127.
24 A.a.O., 128.

durch die Lebenstriebe „mit Energie beliefern" läßt; und das geschieht immer dann, wenn der Mensch seine Triebenergien zu geistigen Akten sublimiert[25]. Um handeln zu können, stellt der Menschengeist daher den ständig „lauernden Trieben" die Ideen und Werte „wie Köder vor Augen", bis sie das von ihm verfolgte Willensprojekt ausführen[26].

Buber versäumt nicht, auf den dualistisch-gnostischen Einschlag dieser Konzeption hinzuweisen. Als solche bewegt sie sich tatsächlich in einem vorphilosophischen Feld, das Scheler dann allerdings mit dem Gedanken überschreitet, daß sich der Mensch – wie sonst nur Gott – die ganze Welt zum Gegenstand machen kann, als Personwesen selbst aber „nicht gegenstandsfähig" ist[27]. Kein Wunder, daß Scheler den Menschen in seiner früheren, noch dem Theismus zugewandten Lebenszeit erst mit dem „Gottsucher" wirklich beginnen läßt. Zwischen dem Tier und dem Werkzeuge herstellenden homo faber besteht seiner damaligen Ansicht nach nur ein gradueller Unterschied; zwischen dem Werkzeugfertiger und dem Menschen, der sich selbst auf Gott hin überschreitet, dem Gottsucher also, dagegen ein Wesensunterschied[28]. Bei Scheler stößt Buber somit auf eine durchaus verwandte Denkfigur. Indem jener den Menschen aus der Ordnung der Gegenstände und Vergegenständlichungen heraushebt, rührt er, wenngleich verneinend, an Bubers Position, die den Menschen zwar gleichfalls in die Sach-Welt einbezogen sieht, ihn jedoch erst durch die Ich-Du-Beziehung zu sich selber finden läßt. Wenn Buber trotz dieser Einsicht im Horizont der philosophischen Was-Frage verharrt, dann vermutlich nicht aus mangelnder Konsequenz, sondern in dem Bestreben, den gemeinsamen Boden der Verständigung mit seinen Kontrahenten nicht zu verlieren[29].

Innerhalb dieses Fragehorizonts sucht Buber nicht nur die Auseinandersetzung mit Scheler, sondern nicht weniger auch mit dem hinter ihm auftauchenden Schatten *Nietzsches,* dieses „Mystikers der Aufklärung", da beide den anthropologischen Ausgangspunkt

---

25 A. a. O., 140.

26 A. a. O., 141.

27 *Scheler,* Philosophische Weltanschauung, Bern 1954, 14.

28 A. a. O., 149.

29 Dazu außer dem Hinweis auf *Rosenzweig* S. 26 R. Bultmann, Adam, wo bist du? Über das Menschenbild der Bibel (von 1945), in: Glauben und Verstehen II, Tübingen 1968, 105–116.

in seiner Sicht durch eine unzulässige Trennung verfehlen. Denn der Mensch ist in seinem Wesensgrund sowenig Geist und Drang wie er, mit Nietzsche gesprochen, der aus dem Tierreich ausgebrochene Wille zur Macht ist, der aufgrund dieser emanzipatorischen Verfassung Bewußtsein entwickelte und sich seither experimentierend und interpretierend an sich selbst vergreift[30]. Das aber ist eine idealistische, letztlich sogar gnostische Abstraktion, die an derselben Unstimmigkeit leidet, wie die Vorstellung einer „Schöpfung aus dem Nichts", die Scheler an seinem Ansatz „zerfallen" sieht[31]. Hier wie dort wird verkannt, daß der Geist nichts Separates gegenüber dem Bios und seinen Trieben ist, sondern eine ihnen eingestiftete Mächtigkeit, die sie ebenso durchdringt, wie sie sich über sie erhebt, und die in beidem das spezifisch Menschliche ausmacht.

Zwar gibt es auch nach Buber eine Sonderung, die Abscheidung und Distanz bewirkt. Aber sie besteht nicht in einem konstitutiven Zwiespalt des Menschseins, sondern in dem gerade auch von Scheler gesehenen Vermögen zur Distanzierung und Gegenstellung zu jenem ständig expandierenden und doch als Totalität alles Gegebenen gemeinten Bereich, den der Weltbegriff umschreibt:

> Das Tier befindet sich in dem Bereich seiner Wahrnehmungen wie der Fruchtkern in der Schale; der Mensch ist in der Welt oder kann doch in der Welt sein wie ein Wohngast in einem ungeheuren Bau, der unablässig durch Zubauten erweitert wird, und zu dessen Grenze er nie vorzudringen vermag, den er aber doch weiß, wie man eben ein Haus weiß in dem man wohnt: weil er die Ganzheit des Baus als solche innezuhaben befähigt ist. Daß er das aber ist, liegt daran, daß er das Wesen ist, durch dessen Sein das Seiende von ihm abgerückt und in sich anerkannt wird. Erst der abgerückte, der nackten Präsenz enthobene, dem Getriebe der Bedürfnisse und Nöte halbwegs entzogene, der distanzierte und damit sich selber übergebene Bereich ist mehr und anderes als Bereich. Erst wenn einem Seienden ein Seinszusammenhang selbständig gegenüber, selbständiges Gegenüber ist, ist Welt[32].

Aufgrund seiner Urdistanz zur Welt ist der Mensch vom Gefühl der Einsamkeit durchdrungen. Insbesondere findet sich der heutige Mensch „allein mit einer ihm fremd und unheimlich gewordenen Welt, er kann den Weltgestalten des gegenwärtigen

---

[30] A. a. O., 73ff.
[31] A. a. O., 139.
[32] *Buber*, Urdistanz und Beziehung, Heidelberg 1951, 14f.

Seins nicht mehr standhalten, ihnen nicht mehr wirklich begegnen"[33]. Daher sucht er spontan „nach einer nicht in die Welt einbezogenen, also nach einer göttlichen Gestalt des Seins, mit der er, einsam wie er ist, Umgang haben kann; dieser Gestalt streckt er, über die Welt hinweg, die Hände entgegen"[34]. Dem fügt Buber jedoch unverzüglich die gegen jede Vorstellung einer narzißtischen Ersatzhandlung, insbesondere aber gegen den Heideggerschen Gedanken einer menschlichen Selbsttranszendenz gerichtete Warnung hinzu:

> Es bleibt ... eine unumstößliche Tatsache, daß man zwar seinem Bild oder Spiegelbild, aber nicht seinem wirklichen Selbst die Hände entgegenstrecken kann[35].

Da sich aber das Verlangen des Menschen nach Überwindung seiner Einsamkeit ebenso wie auf das göttliche Erfüllungsziel auch auf Seinesgleichen richtet, öffnet sich hier der Weg zum Mitmenschen. Er ist für ihn ebenso konstitutiv wie der seiner Hinwendung zu Gott. Und beides ist nur der eine Weg, der ihn über den göttlich und menschlich Anderen zu sich selber führt. Denn in der Anrufung Gottes klingt auch der Ruf nach menschlicher Gemeinschaft mit. Und in jedem menschliche Du rühren wir an den Saum des göttlichen[36].

3.
Menschsein als Dialog

Wie der Vergleich mit dem anthropologischen Ansatz *Guardinis* deutlich machte, kann der Mensch nicht nur mit den auf das „Wesen" gerichteten Augen des Staunens, sondern auch mit dem betroffenen Blick der Sorge betrachtet werden, der die Geschichtlichkeit des Menschenwesens wahrnimmt[37]. Bei Buber herrscht offensichtlich eine andere Grundhaltung vor: Die Dankbarkeit. Für ihn ist nur sie einer Existenz angemessen, die sich nicht bloß faktisch dem Schöpfertum Gottes verdankt, sondern auch um diese Tatsache weiß. Zur Frage wird sich der Mensch demgemäß

---

[33] *Buber*, Das Problem des Menschen, 100.
[34] Ebd.
[35] A. a. O., 101.
[36] Dazu nochmals das Zitat aus ‚Ich und Du' S. 13.
[37] Dazu die Ausführungen S. 61.

immer dann, wenn er von der ihn konstituierenden Tatsache absieht oder doch die Fühlung mit ihr verliert; das geschieht im Erlebnis seiner Einsamkeit. Da erst „dem einsam gewordenen Menschen sich die Frage nach dem Wesen des Menschen in ihren Tiefen eröffnet, weist der Weg zur Antwort auf den Menschen hin, der die Einsamkeit überwindet, ohne ihre tragende Kraft einzubüßen"[38]. Buber gewinnt den Lösungsweg über eine schlagende Kritik des Kollektivismus, die wegen ihrer „Hinterfragung" des weithin ideologisch festgeschriebenen Gesellschaftsbegriffs höchste Aktualität beanspruchen darf:

> Wenn der Individualismus nur einen Teil des Menschen erfaßt, so erfaßt der Kollektivismus nur den Menschen als Teil: zur Ganzheit des Menschen, zum Menschen als Ganzes dringen beide nicht vor. Der Individualismus sieht den Menschen nur in der Bezogenheit auf sich selbst, aber der Kollektivismus sieht den Menschen überhaupt nicht, er sieht nur die ‚Gesellschaft'. Dort ist das Antlitz des Menschen verzerrt, hier ist es verdeckt[39].

Indessen fällt diese Decke mit der Einsicht in die tatsächliche Konstitution des Menschen, näherhin mit der Einsicht:

> Daß das Prinzip des Menschsein kein einfaches, sondern ein doppeltes ist, in einer doppelten Bewegung sich aufbauend, und zwar solcher Art, daß die eine Bewegung die Voraussetzung der anderen ist. Die erste sei die Urdistanzierung, die zweite das In-Beziehungtreten genannt. Daß die erste die Voraussetzung der zweiten ist, ergibt sich daraus, daß man nur zu distanzierten Seienden, genauer: zu einem ein selbständiges Gegenüber gewordenen, in Beziehung treten kann. Ein selbständiges Gegenüber aber gibt es nur für den Menschen[40].

Zu diesem Standpunkt gelangte Buber erst im Gefolge eines Prozesses, währenddessen er Schritt für Schritt sein denkerisches Profil gewann. Er ging mit dem synchron, den er in der Episode ‚Eine Bekehrung' beschrieb, gestaltete sich nur weniger dramatisch als jener. Am Anfang stand nach Ausweis der Frühschriften eine religiös exaltierte Einstellung im Sinn des augustinischen Prinzips „Gott und die Seele", die ebenso durch das Verlangen nach Ausschließlichkeit wie nach „Enthebung" gekennzeichnet war[41].

---

[38] *Buber,* Das Problem des Menschen, 158.

[39] A.a.O., 159.

[40] *Buber,* Urdistanz und Beziehung, 11f.

[41] *Augustinus,* Soliloquien I, c.2; in seiner Wiederholung durch *Newmans* Grundsatz „God and Myself" tritt ein aristokratischer Zug hinzu.

Doch war diese Einstellung gleichfalls von Anfang an von der Wirklichkeitsfrage beherrscht, die sich in dem ‚Daniel' betitelten Gespräch von der Verwirklichung (von 1913) zu dem bekenntnishaften Satz verdichtet:

Wo aber der Fuß der Realisierung steht, da wird die Kraft aus den Tiefen gezogen und zusammengebracht und zum Wirken bewegt und am Werk erneuert [42].

Mit aller Schärfe artikuliert dieser Satz die Absage an das orientierende Denken, das „nur spart und nicht erneuert" und an die ihm verfallenen „Schoßkinder des Scheins"; doch lebt er insgeheim von der Sehnsucht nach der „erhöhten Stunde der großen Evokation, da den Beschwörenden sein gelebtes Leben antritt als eine Gestalt" [43]. Der formalen Gestaltung nach eine Gesprächsfolge, ist Bubers ‚Daniel' tatsächlich ein dialogisch geführter Monolog, der aber insofern dialogisch gemeint ist, als er die Zwiesprache des Seins mit sich selbst zu beschwören sucht. So mutet er wie die Einübung in jene Sprache an, von welcher der fiktive Verfasser von *Hofmannsthals* ‚Brief des Lord Chandos' meint, daß er sich in ihr vielleicht einmal vor seinem ewigen Richter verantworten werde. Für Buber ist dieser ewige Richter damals jedoch noch keineswegs der biblische Gott, sondern, wie er in selbstkritischer Abgrenzung im ‚Problem des Menschen' gesteht, der halbmythische Gott der gnostisch-idealistischen Vorstellungswelt, der des Menschen bedarf, um zu seiner vollen Selbstverwirklichung zu gelangen [44]. Trotz dieser theologischen „Randunschärfe" ist jedoch die Denkfigur zu erkennen, mit deren Hilfe der Durchbruch zur Wirklichkeit angestrebt wird. Es ist die Denkfigur, wie sie auch dem ontologischen Gottesbeweis zugrunde liegt, nur mit dem Unterschied, daß dessen religiöse Prämisse bei Buber stärker zur Geltung kommt als bei seinem Entdecker *Anselm von Canterbury*[45]. Während Anselm nur im Vorwort seines ‚Proslogion' zu verstehen gibt, daß er seinen Beweis aus der Position eines Menschen führt, der seinen Geist zu Gott erhebt, also aus der Rolle ei-

---

[42] *Buber*, Daniel. Gespräche von der Verwirklichung, in: Werke I, 26.
[43] A. a. O., 25.
[44] *Buber*, Das Problem des Menschen, 131 ff.
[45] Näheres dazu in meiner Schrift ‚Der schwere Weg der Gottesfrage', Düsseldorf 1982, 148–153.

nes Betenden, entnimmt Buber dem Gebet selbst die Beweiskraft; denn:

> Gebet im prägnanten Sinn nennen wir jenes Sprechen des Menschen zu Gott, das, um was immer auch gebeten wird, letztlich die Bitte um Kundgabe der göttlichen Gegenwart, um das dialogische Spürbarwerden dieser Gegenwart ist[46].

Die Erkenntnis dieses späten Satzes ist hier, im Frühwerk, freilich noch ganz eingeschmolzen in eine wogende, sich immer wieder zu Bildern klärende und alsbald wieder verfließende Sprache, die als solche seinem noch ungeklärten Gottesbegriff entspricht, dafür aber um so deutlicher den enthusiastischen Zug seines damaligen Denkens erkennen läßt.

In dieser Wirklichkeitssuche kommt es nun dadurch zu einer Wende, daß Buber den „Fuß der Realisierung" nicht mehr auf das zum Gottesgeheimnis hin geöffnete Subjekt, sondern auf das Gespräch setzt. Nicht umsonst ist dem Dialog ‚Daniel' die Episode ‚Der Stab und der Baum' vorangestellt, die später in die autobiographischen Fragmente einbezogen wurde und in dem Satz gipfelt: „Damals erschien mir das Gespräch."[47] Mit dieser Episode verweist Buber, über die anschließende Schrift hinweg, auf den Weg der dialogischen Realitätsfindung. Denn in jedem wirklichen Gespräch ist die Gewißheit über drei unzweifelhafte Wirklichkeiten mitgegeben: Des Faktums des Gesprächs als der Erstgegebenheit von Welt, der faktischen Existenz des Gesprächspartners, da mit einem Gespenst kein Gespräch geführt werden kann, und der Existenz des redenden Ich, die ständig vorausgesetzt werden muß, wenn das Gespräch nicht in sich zusammenbrechen soll. Hand in Hand mit dieser Vergewisserung drängte sich ihm nun aber eine Unterscheidung auf, die für seine definitive Denkgestalt formbestimmend wurde. Aus der Gemengelage der vielfältigen Gegebenheiten hob sich ihm die Ordnung der personalen Wirklichkeiten ab, die er der Sachwelt des Gegebenen als Ordnung eigenen Ranges, als Du-Welt, gegenüberstellt. Ideengeschichtlich gesehen zog er dadurch lediglich mit der von *Giambattista Vico* vollzogenen Differenzierung gleich, der in Abkehr von der klassischen und kartesianischen

---

[46] *Buber*, Gottesfinsternis, 149.

[47] Dazu nochmals die Ausführungen S. 13ff.

Weltorientierung die vom Menschen gemachte „Welt" der Geschichte als den wahren Ort seiner Vergewisserung und Selbstfindung bezeichnet hatte[48]. Nur rückt Buber den den Menschen unmittelbar angehenden Bereich in einen völlig neuen Kontext, da für ihn die Geschichte nicht so sehr aus dem Tun als vielmehr aus dem Wort des Menschen hervorgeht. Diesem Bereich wendet er sich in den Abhandlungen zu, die im Übergang zur Gesamtausgabe unter dem Titel ‚Die Schriften über das dialogische Prinzip' (von 1954) zusammengefaßt wurden[49].

Die erste und bekannteste dieser Schriften ‚Ich und Du' (von 1923) geht von der „Zwiefältigkeit" der Welt und der Haltung des Menschen zu ihr aus, die sich in der „Zwiefalt der Grundworte" spiegelt: Dem Wortpaar Ich-Du und dem Wortpaar Ich-Es:

> Grundworte werden mit dem Wesen gesprochen.
> Wenn Du gesprochen wird, ist das Ich des Wörterpaars Ich-Du mitgesprochen.
> Wenn Es gesprochen wird, ist das Ich des Wörterpaars Ich-Es mitgesprochen.
> Das Grundwort Ich-Du kann nur mit dem ganzen Wesen gesprochen werden.
> Das Grundwort Ich-Es kann nie mit dem ganzen Wesen gesprochen werden[50].

Das ist mit dem Pathos des Entdeckers gesagt. Es handelt sich, mit *Michael Theunissen* gesprochen, um Bubers Anteil an der Entdeckung des „neuen Denkens", an der außer ihm der Urheber dieses Ausdrucks *Franz Rosenzweig, Ferndinand Ebner, Hermann Herrigel, Hans Ehrenberg* und *Gabriel Marcel* beteiligt waren[51]. Das aber ist ein Denken, das nicht von der Repräsentation seiner Gegenstände, also nicht von einer „Idee" oder „Wesenheit" des von ihm Gemeinten ausgeht, sondern von der Sache in ihrem unmittelbaren Gegebensein. Bei diesem Versuch erfolgt eine fundamentale Scheidung. Denn während ihm auf der einen Seite die

---

[48] Dazu *K. Löwith,* Weltgeschichte und Heilsgeschehen. Die theologischen Voraussetzungen der Geschichtsphilosophie, Stuttgart 1953, 112ff.

[49] Es handelt sich dabei um ‚Ich und Du' (von 1923), ‚Zwiesprache' (von 1932), ‚Die Frage an den Einzelnen' (von 1936) und ‚Elemente des Zwischenmenschlichen' (von 1953).

[50] *Buber,* Ich und Du, in: Werke I, 79.

[51] *M. Theunissen,* Der Andere. Studien zur Sozialontologie der Gegenwart, Berlin 1977, 243ff.

Ordnung des dinghaft Gegebenen als distanzierte Es-Welt gegenübertritt, unterläuft die Ordnung des personhaft Wirklichen diese Distanz, um sich ihm zu unmittelbarer Wechselbeziehung anzubieten. Die Scheidung aber kommt ebenso wie die Beziehung durch die unterschiedliche Art zustande, wie sich das menschliche Ich artikuliert:

> Es gibt kein Ich an sich, sondern nur das Ich des Grundworts Ich-Du und das Ich des Grundworts Ich-Es. Wenn der Mensch Ich spricht, meint er eins von beiden ... Ich sein und Ich sprechen sind eins. Ich sprechen und eins der Grundworte sprechen sind eins. Wer Du spricht, hat kein Etwas zum Gegenstand. Denn wo Etwas ist, ist anderes Etwas, jedes Es grenzt an andre Es, Es ist nur dadurch, daß es an andere grenzt. Wo aber Du gesprochen wird, ist kein Etwas. Du grenzt nicht. Wer Du spricht, hat kein Etwas, hat nichts. Aber er steht in der Beziehung[52].

Ihrer ganzen Natur nach drängte diese kategoriale Unterscheidung darauf, mit Inhalten erfüllt zu werden. Das war um so mehr geboten, als Buber keinerlei Begriffsbild von Ich und Du vermittelt, sondern beide in ihrer gegenseitigen Beziehung aufgehen läßt. An der Möglichkeit einer inhaltlichen Erfüllung entschied sich somit das Recht dieses Ansatzes. Sie geschieht in der Reflexion ‚Zwiesprache' (von 1932) in Form einer zweifachen Relativierung: einmal des Verhältnisses von oben und unten und dann desjenigen von innen und außen. Für das eine wählt Buber die Form einer Parabel, die sich wie das positive Gegenstück zu *Kafkas* Erzählung ‚Vor dem Gesetz' ausnimmt:

> Es wird erzählt, ein gottbegeisterter Mann sei einst aus dem Bereich der Geschöpflichkeit in die große Leere gegangen. Da wanderte er, bis er an die Pforte des Geheimnisses kam. Er pochte. Von drinnen rief es ihn an: ‚Was willst du hier?' ‚Ich habe', sagte er, ‚den Ohren der Sterblichen dein Lob verkündet, aber sie waren mir taub. So komme ich zu dir, daß du selber mich vernehmest und mir erwiderst'. ‚Kehr um', rief es von drinnen, ‚hier ist dir kein Ohr. In die Taubheit der Sterblichen habe ich mein Hören versenkt'[53].

Die Verweigerung der Transzendenz, von der hier scheinbar die Rede ist, kommt in Wirklichkeit einer unerwarteten Selbstgewährung gleich. Denn es bedarf nicht des Auf- und Einstiegs durch die Pforten der Endlichkeit, wenn Gott gefunden werden soll; er ist

---

[52] A.a.O., 79f.
[53] *Buber*, Zwiesprache, in: Werke I, 188f.

vielmehr dort, wo seine Sache auf verlorenem Posten zu stehen scheint, also in den Erscheinungen penetranter Endlichkeit. Die Erinnerung an die Episode ‚Eine Bekehrung' kommt nicht von ungefähr; denn der aus den autobiographischen Fragmenten bekannte Text hat hier, wenige Abschnitte zuvor, seinen ursprünglichen Ort. Das aber besagt, daß die menschliche Identität nicht in Akten der Selbstüberschreitung gesucht zu werden braucht, weil sie immer schon gefunden ist, wenn sich der Ich-Sagende nur bewußt bleibt, daß er von dem gehört wird, der sein Hören in die Taubheit des endlich-alltäglichen Daseins „versenkt" hat.

Ganz anders die dazu gegensinnige Relativierung der „Horizontalverhältnisse", die sich in die ‚wortlose Tiefe' jenseits von Wort und Antwort, von Biographie und Individualität, von Gegenständlichkeit und Erfahrung vorwagt. Es ist die Tiefe, in der die „Bande der Personhaftigkeit" von der Seele abfallen und deren individuelle Prägung zur Vielfalt des Mitseienden hin geöffnet ist. Es handelt sich somit um jene Tiefe, an die schon *Nikolaus von Kues* mit seiner Vorstellung von der gegenseitigen Durchdringung alles Bestehenden – mit seinem Begriff des „Jegliches im Jeglichem" – rührte, und auf die noch *Peter Wust* mit seinem Bekenntnis zum „nexus animarum", der Verwobenheit alles Menschlichen, zugeht. Nur in „Randerfahrungen der Seele" erschließt sich diese Tiefe, da sie „nicht oberhalb, sondern unterhalb der Schöpfungssituation ..., nicht oberhalb, sondern unterhalb der Zwiesprache" liegt; dennoch kennt sie gerade auch der dialogisch Lebende:

> Es ist eben die Einheit des Lebens, als die, einmal wahrhaft gewonnen, durch keine Verwandlungen mehr zerrissen wird, nicht entzweigerissen wird in kreatürlichen Alltag und ‚vergottete' Hochstunden; die des lückenlosen, entrückungslosen Verharrens in der Konkretheit, in der man das Wort vernimmt und eine Antwort stammeln darf[54].

---

[54] A.a.O., 199

4.
Das Zwischenmenschliche

Mit seinem Begriff von der dialogischen Existenz treibt Buber die Frage nach dem Menschen bis zu jener Stelle vor, „wo", wie es im Briefwerk *Leopold von Rankes* heißt,

> der Born quillt, der den Geschöpfen Leben, Wesen, Gestalt, Innerlichkeit gibt, wo kein Lob und kein Tadel, wo die allgemeinen Begriffe hinsinken vor der Idealität einer ursprünglichen und allemal gottverwandten Existenz[55].

Das war ganz aus der Perspektive der biblischen Wo-Frage gedacht und gesagt. Indessen forderte auch die philosophische Was-Frage ihr Recht. In ihrem Sinn mußte dem Ich, das sich in der Verbundenheit mit allen vorfand und von dem in die menschliche Alltagswelt versunkenen Hören Gottes vernommen wußte, eine bestimmbare Kontur abgewonnen werden. Das konnte auf keinen Fall durch seine Gegenüberstellung mit der Gegenstandswelt geschehen, da das aus der Es-Beziehung gesprochene Ich für Buber keinerlei Präsenz besitzt. Doch kam ihm bei diesem Bestreben eine Entdeckung zu Hilfe, die in seinem Werk noch ungleich deutlicher bezeugt ist als die der dialogischen Evidenz- und Realitätserfahrung. Von ihr handelt die Reflexion ‚Elemente des Zwischenmenschlichen' (von 1953), die sich in einer Nachbemerkung auf eine erstaunliche Entsprechung in den ‚Briefen eines Unbekannten' von *Alexander von Villers* bezieht. In einem dieser Briefe (vom 27. Dezember 1877) heißt es:

> Ich habe einen Aberglauben an den Zwischenmenschen. Ich bin es nicht, auch du nicht, aber zwischen uns entsteht einer, der mir Du heißt, den Andern ich bin. So hat jeder seinen Zwischenmenschen mit einem gegenseitigen Doppelnamen, und von all den hundert Zwischenmenschen, an denen jeder von uns mit fünfzig Prozent beteiligt ist, gleicht keiner dem andern. Der aber denkt, fühlt und spricht, das ist der Zwischenmensch, und ihm gehören die Gedanken; das macht uns frei[56].

Bubers Entdeckung entsprang, wie er zu Beginn seines selbstkritischen Berichts zu verstehen gibt, der Einsicht in die gesellschaftliche Interaktion, verallgemeinernd gesprochen, der Erkenntnis,

---

[55] *L. von Ranke,* Brief an seinen Bruder Heinrich vom 25. August 1827.

[56] *Buber,* Elemente des Zwischenmenschlichen, in: Werke I, 289; zum folgenden auch *Theunissen,* Der Andere, 266–277.

daß zur Gänze einer Handlung ihre Wirkung, daß zur Totalität einer Zuwendung ihre Annahme und daß zur Vollständigkeit eines Wortes eine Rezeption gehört. Wenn aber die Sprache nicht instrumentell zum Menschsein hinzugedacht werden darf, sondern als dessen elementare Selbstdarstellung begriffen werden muß, ist daraus auch auf die Konstitution des individuellen Selbst zu schließenn. Dann ist das Ich in einer Weise an das Du verwiesen, daß es erst in diesem Zusammenhang zu seiner Vollgestalt gedeiht. Wenn das aber nicht als bloßer „Faktor" verrechnet werden soll, muß dieser Tatsache durch die Einführung einer neuen Kategorie Rechnung getragen werden. Und dafür bot sich Buber schon früh der Begriff des „Zwischenmenschlichen" an. Daß er diesen schon bald aus dem Kontext des Gesellschaftsbegriffs herauslöste, hängt nach seiner eigenen Darstellung mit der wachsenden Einsicht in die Sonderstellung der entdeckten Kategorie zusammen, vermutlich nicht weniger aber auch in die marxistische Belastung des Gesellschaftsbegriffs, der in dieser Perspektive nur eine gattungshafte Verwirklichung des Menschlichen zuläßt, nicht jedoch die personale, um die es Buber zenral zu tun ist. Von seiner Einsicht sagt er verdeutlichend:

> Seither ist mir mit zunehmender Klarheit die Erkenntnis aufgegangen, daß wir hier eine Sonderkategorie, ja, wenn ein mathematisches Fachwort solcherart bildlich gebraucht werden darf, eine Sonderdimension unseres Daseins vor uns haben, und zwar eine, die uns so vertraut ist, daß wir bisher ihrer Besonderheit kaum recht inne geworden sind[57].

Gegen diesen Gedanken erhob die Kritik den Vorwurf, daß Buber einem Zirkel verfalle, der die Frage, ob das Ich durch das Du konstituiert werde oder umgekehrt das Du durch das Ich unentscheidbar werden lasse[58]. Doch verfehlt sie damit die Meinung Bubers. Was er entdeckte, hat überhaupt nichts mit dem Versuch einer ursächlichen Herleitung zu tun, um so mehr jedoch mit der der kritischen Vernunft unzugänglichen Tatsache, daß das Verhältnis von Ich und Du, also deren Begegnung, mehr ist als die Summe ihrer Entitäten. Ebendies will sein Begriff des Zwischenmenschlichen ausdrücken. Er steht zu den logischen Kategorien quer und gibt deshalb auch keine Auskunft über das Zustandekommen seiner Elemente. Gerade so aber rechtfertigt sich Bubers

---

57 A. a. O., 269.
58 *Theunissen*, Der Andere, 273.

Anspruch, die Tür zu einem „neuen Denken" aufgestoßen zu haben. Man könnte auch sagen, daß er auf der Suche nach dem „Festland" der Realität auf einen neuen Kontinent gestoßen sei. Nur müßte man dem hinzufügen, daß gleichzeitig mit ihm auch *Ferdinand Ebner* dorthin unterwegs war und fündig wurde, nur daß er für das entdeckte Neuland die Bezeichnung „geistige Realitäten" wählte[59]. Zur Erläuterung dieses Begriffs bemerkt er:

> Was nun macht das Wesen der Sprache – des Wortes – in ihrer Geistigkeit aus, daß sie etwas ist, das sich zwischen dem Ich und dem Du zuträgt, zwischen der ersten und zweiten Person, wie man in der Grammatik sagt; etwas, das also das Verhältnis des Ichs zum Du einerseits voraussetzt, andrerseits herstellt[60].

Die Frage nach der Konstitution hätte nur dann einen Sinn, wenn das Zwischenmenschliche ein Drittes wäre, das zu den Entitäten von Ich und Du hinzuaddiert werden könnte. Doch verhält es sich so gerade nicht zu ihnen; vielmehr geht es nach Art einer Vergünstigung aus ihrer Begegnung hervor. Es ist mehr als ihre Summe, aber nichts, was sich mit ihnen verrechnen ließe. Um so wichtiger sind Auskünfte über das, was das Zwischenmenschliche „leistet". Eine erste lautet:

> Wenn zwei Menschen ein Gespräch miteinander führen, so gehört zwar eminent dazu, was in des einen und des andern Seele vorgeht, was, wenn er zuhört, und was, wenn er selber zu sprechen sich anschickt. Dennoch ist dies nur die heimliche Begleitung zu dem Gespräch selber ..., dessen Sinn weder in einem der beiden Partner noch in beiden zusammen sich findet, sondern nur in diesem ihrem leibhaften Zusammenspiel, diesem ihrem Zwischen[61].

Die entscheidende Auskunft aber gibt Buber mit dem Begriff der „Vergegenwärtigung", auch wenn er bei dessen Bestimmung im Vorfeld der Disposition dafür stehenbleibt. Von ihr sagt er:

> Manche nennen sie Intuition, aber das ist ein nicht ganz eindeutiger Begriff. Ich möchte den Namen Realphantasie vorziehen, denn in ihrem eigentlichen Wesen ist sie nicht mehr ein Anschauen, sondern ein kühnes, fluggewaltiges, die intensivste Regung meines Seins beanspruchendes Einschwingen ins Andere, wie es eben die Art aller echten Phantasie ist, nur daß hier der Bereich meiner Tat nicht das Allmögliche, sondern die mir

---

[59] *F. Ebner*, Schriften I: Fragmente, Aufsätze, Aphorismen; Fragment 1: Die geistigen Realitäten, München 1963, 84ff.
[60] A. a. O., 86.
[61] Elemente des Zwischenmenschlichen, in: Werke I, 272.

entgegentretende besondere reale Person ist, die ich mir eben so und nicht anders in ihrer Ganzheit, Einheit und Einzigkeit und in ihrer all dies immer neu verwirklichenden dynamischen Mitte zu vergegenwärtigen versuchen kann[62].

Kaum irgendwo zeigt sich so deutlich wie hier, daß Bubers Entdeckung den Charakter einer Erinnerung an verschüttete, wenn nicht gar verdrängte Einsichten aufweist. Man verfährt daher nur sachgerecht, wenn man von ihm auf diese zurückblendet. So versicherte ein mittelalterlicher Kommentator im Anschluß an eine Stelle bei *Claudianus Mamertus* in ausgesprochen dialogischer, geradezu auf Buber vorausweisender Redewendung:

> Du bist mir gegenwärtig, und ich bin dir gegenwärtig in deinem Gebet. Sei nicht erstaunt darüber, daß ich von Gegenwart rede. Denn wenn du mich liebst und deshalb liebst, weil du in mir das Bild Gottes erblickst, das du liebst, bin ich dir ebenso gegenwärtig wie du dir selbst ... Wenn du das Bild Gottes liebst, liebst du mich, sofern ich Bild Gottes bin; und wenn ich meinerseits Gott liebe, liebe ich dich. So sind wir, das Gleiche suchend und dem Gleichen entgegenstrebend, einander immerfort gegenwärtig[63].

Während dieser Text, der geradezu als Zeugnis einer „Sozialmystik" gelten kann, die gegenseitige Vergegenwärtigung im Blick hat, stößt ein Wort *Franz von Baaders* zum „Grund" der zwischenmenschlichen Verbundenheit vor, für den er den sprechenden Ausdruck „Zentralherz" (Cœur-Centre) findet. Die in unterschiedlichen Fassungen überlieferte Stelle lautet:

> Gäbe es kein Zentralherz, und könnten die Menschen sich nicht gemeinsam von und in diesem Herzen sättigen und erneuern, so würden sie auch sich nicht wechselseitig voneinander sättigen können; und ein Mensch müßte den andern, wie es denn auch geschieht, von sich ausspeien[64].

Mit seinem Beitrag zu dem von ihm und seinen Weggefährten postulierten „neuen Denken" bewegt sich Buber somit auf einer längst schon ausgelegten Bahn, die freilich durch das neuzeitliche Subjekt-Objekt-Denken verschüttet worden war und im Interesse

[62] A. a. O., 280

[63] Nach *H. de Lubac*, Katholizismus als Gemeinschaft, Einsiedeln 1943, 72; dazu die ausführlicheren Hinweise in meiner Abhandlung ‚Menschsein in Anfechtung und Widerstand', Düsseldorf 1980, 132–138.

[64] Nach *F. von Baader*, Schriften. Ausgewählt und hrsg. von *Max Pulver*, Leipzig 1921, 269.

einer vollständigeren Würdigung des Menschen aufs neue beschritten werden mußte. Buber betritt diese Bahn mit dem aus der Abgrenzung von *Kant* geformten Wort:

> Auf ethischem Gebiet hat Kant den überaus wichtigen Grundsatz ausgesprochen, der Mitmensch dürfte niemals bloß als Mittel, sondern müsse jederzeit zugleich als selbständiger Zweck gedacht und behandelt werden. Der Satz steht im Zeichen eines Sollens, das von der Idee der Menschenwürde getragen wird. Unsere im Kern verwandte Betrachtung kommt anderswoher und zielt anderswohin. Uns geht es um die Voraussetzungen des Zwischenmenschlichen. Der Mensch ist nicht in seiner Isolierung, sondern in der Vollständigkeit der Beziehung zwischen dem einen und dem andern anthropologisch existent: erst die Wechselwirkung ermöglicht, das Menschentum zulänglich zu erfassen. Dazu, zum Bestande des Zwischenmenschlichen ist ... erforderlich, daß sich in die Beziehung von personhaftem Sein nicht der Schein verderblich einmische; es ist dazu des weiteren ... erforderlich, daß jeder den anderen in dessen personhaftem Sein meine und vergegenwärtige. Daß keiner der Partner sich dem andern auferlegen wolle, ist die dritte basische Voraussetzung des Zwischenmenschlichen schlechthin. Daß einer auf den andern erschließend einwirke, gehört nicht mehr zu diesen Voraussetzungen; wohl aber ist dies ein Element, geeignet, zu einer höheren Stufe des Zwischenmenschlichen zu führen [65].

Bubers Lehre vom Zwischenmenschlichen bliebe unvollständig, wenn nicht auch diese „höhere Stufe" in sie einbezogen würde. Sie ergibt sich schon aus einer Einsicht in die Plastizität des Menschseins. Dem Wissen um die mögliche Verfremdung und Verstörung des Menschentums entspricht auf der positiven Gegenseite Bubers Glaube an dessen mögliche Überhöhung. Doch dazu führte ihn nicht nur sein aus den Bahnen der klassischen Anthropologie ausbrechendes Verständnis des Menschen, sondern mehr noch sein Wissen um die Insinuationen der biblischen Botschaft. Nicht umsonst kreist ein erheblicher Teil seiner Kritik des Christentums um den Begriff der Gotteskindschaft, den er aus der christlichen in die jüdische Perspektive zurückzuführen sucht [66]. Mit dieser Tendenz begibt er sich freilich in einen seltsamen Selbstwiderspruch, da er sein Verständnis von der Gottessohnschaft einerseits mit dem Motiv der göttlichen Einwohnung, der Schechina, verknüpft, andererseits aber vom christlichen dadurch

---

[65] *Buber*, a. a. O., 283.

[66] *Buber*, Zwei Glaubensweisen, 75–79; 120–129; dazu gehört aber auch der vom Motivwort der „Unmittelbarkeit" beherrschte Schlußteil der Abhandlung (132–165).

abgrenzt, daß er sie als eine naturhafte Gegebenheit zu erweisen sucht. Und dieser Widerspruch steigert sich noch dadurch, wenngleich in einem höchst versöhnlichen Sinn, daß er das Schönste, was er in diesem Kontext über die gegenseitige Vergegenwärtigung zu sagen hat, aus der christlichen Gegenposition entwickelt. Auf dem Höhepunkt seiner Auseinandersetzung mit der von ihm kritisierten Glaubensweise spricht er von der durch sie bewirkten „anderen Art der Unmittelbarkeit", die nahe an den zur Rede stehenden Tatbestand der Vergegenwärtigung herankommt; und von ihr sagt er:

> Sie ist der zu einem geliebten Menschen zu vergleichen, der eben diese und keine andere Gestalt hat und den man eben als diese Gestalt erwählt hat. Das ist ein Du, das, bestimmt wie es ist, einem gleichsam zugehört. Daraus wächst eine Konkretheit der Beziehung, die nach der sakramentalen Einverleibung des Du verlangt, aber persönlich weitergehen kann, bis zur Einselbstung, zum Selbsttragen dieser Leiden, zum Selbstempfangen dieser Wunden und Wundmale – und zur Menschenliebe ‚von ihm aus' [67].

Das ist durchaus in kritischer Absicht gesagt! Und doch gilt von dieser Kritik dasselbe, was von *Nietzsches* Kritik des Christentums zu vermerken ist, die sich derart mit ihrem Gegner verklammert, daß bisweilen der Eindruck der Identifikation mit ihm entsteht [68]. So auch hier; denn schwerlich wird sich eine Stelle finden, in der Buber seinen Begriff des Zwischenmenschlichen so offen legte wie in diesen Sätzen. Wollte man die polemisch gemeinte Aussage seiner eigenen Vorstellungswelt zuordnen, so bräuchte man nur an die Stelle der christologischen Identifikationsfigur die der göttlichen Einwohnung und Führung, die Schechina, zu setzen. Als „Führung" verstanden macht sie darin deutlich, daß das „Zwischen", in welchem Buber den „Ort" menschlicher Selbstverwirklichung und Sinnerfüllung erblickt, nicht so sehr das Werk der „Begegnung" als vielmehr ein Gunsterweis „von oben" ist.

Indessen braucht es bei dieser „Rückübersetzung" nicht zu bleiben, da Buber sein Verständnis des Zwischenmenschlichen in nahezu gleicher Intensität, dafür aber in seiner eigenen Sprache dort

---

[67] A. a. O., 134.

[68] Näheres dazu in meiner Schrift ‚Nietzsche für Christen', Freiburg/Br. 1983, 39f; 47.

zum Ausdruck brachte, wo es ihm darum zu tun war, die Überwindung der Urdistanz deutlich zu machen. Am Schluß seiner Abhandlung ‚Urdistanz und Beziehung' macht er deutlich, daß sich das „innerste Wachstum des Selbst" nicht, „wie man heute gern meint, aus dem Verhältnis des Menschen zu sich selber, sondern aus dem zwischen dem Einen und dem Andern", also „aus der Gegenseitigkeit der Vergegenwärtigung" heraus entwickelt. Und er spricht sogar von einer „Selbstwerdung-mit-mir", um klarzumachen, daß es sich dabei um eine Kategorie jenseits der Konstitutionsproblematik handelt. Dem fügt er dann die fast bekenntnishaft klingenden Schlußworte an:

> In seinem Sein bestätigt will der Mensch durch den Menschen werden und will im Sein des andern eine Gegenwart haben. Die menschliche Person bedarf der Bestätigung, weil der Mensch als Mensch ihrer bedarf. Das Tier braucht nicht bestätigt zu werden, denn es ist was es ist, unfraglich. Anders der Mensch: aus dem Gattungsreich der Natur ins Wagnis der einsamen Kategorie geschickt, von einem mitgeborenen Chaos umwittert, schaut er beimlich und scheu nach einem Ja des Seindürfens aus, das ihm nur von menschlicher Person zu menschlicher Person werden kann; einander reichen die Menschen das Himmelsbrot des Selbstseins[69].

In ‚Elemente des Zwischenmenschlichen' nimmt Buber überdies einen Anlauf, diesen Begriff des Zwischenmenschlichen auf die Ausgangsbasis seines Denkens, die Sprache, zurückzubeziehen[70]. Vollgültig gelang ihm dies jedoch erst einige Jahre später und auch dann nur im Anschluß an ein Dichterwort, näherhin an den Entwurf zu *Hölderlins* Hymne ‚Friedensfeier', der in die Worte ausklingt: „Seit ein Gespräch wir sind und hören können voneinander." Gegen *Heideggers* Auslegung gewendet erklärt Buber:

> Wir selber sind das Gespräch: wir werden gesprochen. Unser Gesprochenwerden ist unser Dasein. Eben damit ist auch es ‚göttliche Gabe', ja es ist die eigentliche Gabe. Aber die Sprache erfüllt sich erst, wenn sie durch uns selber ‚Eigentum' geworden ist und wir nun ‚die menschlich göttliche' unser nennen dürfen. In dem Maße, als wir erfüllend jeder den Spruch, der er ist, den Anderen offenbart, lassen wir das Kommende kommen, bis aus dem Hörenkönnen des Daseins in der Gegenseitigkeit dies geworden ist, daß ‚alle sich einander erfahren' und so … wieder ‚eine Sprache unter den Lebenden' ist und die reinen Stimmen zusammentönen, kein Gespräch mehr, sondern ‚ein Chor nun' … Ein Chor sein bedeutet: zusammen Ge-

---

[69] *Buber,* Urdistanz und Beziehung, 44.
[70] Werke I, 285–288.

sang hervorbringen; nun aber verheißt Hölderlin den Menschen, daß aus ihrem Sein als Gespräch ein Sein als Gesang werden soll. Dem Gespräch eignet ja das Beharren der Spannung in der Näherung; im Gesang sind alle Spannungen eingeschmolzen. Erst wenn die, deren Gespräch wir sind, uns singen, sind wir Wir [71].

Doch ergeht es Buber auch hier wie bei der Erwähnung des Zwischenmenschlichen in ‚Zwei Glaubensweisen'. Wie es dort einer „christlichen Anleihe" bedurfte, damit sein Ureigenes gesagt werden konnte, verflicht sich hier seine Ausdrucksweise mit der Sprache Hölderlins. Wie aber könnte das Zwischenmenschliche glaubhafter gemacht werden als dadurch, daß bei seiner Nennung die eigenen Sprachgrenzen überschritten werden?

---

[71] *Buber*, Nachlese, Heidelberg 1965, 71f (gekürzt).

IV
Die Verdeutschung der Schrift

1.
Gemeinsam mit Franz Rosenzweig

Es blieb nicht bei Bubers theoretischer Umschreibung des Zwischenmenschlichen; vielmehr wurde es für ihn zu einem sachlich-lebensgeschichtlichen Ereignis in jenem „Dienst am Wort", den er mit der Verdeutschung der Schrift leistete. Sie war nach Bubers Erinnerung von Anfang an als Gemeinschaftswerk gedacht und wurde als Kooperation mit *Franz Rosenzweig* schließlich verwirklicht[1]. Da sich Rosenzweig dazu gegen anfängliche Bedenken nur schwer durchzuringen vermochte, nahm sie einen vergleichsweise dramatischen Anfang und mit seinem Tod (am 10. Dezember 1929) nach schwerer Leidenszeit ein tragisches Ende. Die Bedenken des Freundes wurzelten in seiner Ansicht, daß die Möglichkeit einer Übersetzung durch das Werk *Luthers* ausgeschöpft worden sei und daß von Gott nicht erwartet werden könne, daß er sie ein zweites Mal einräume[2]. Noch kurz vor Beginn der Gemeinschaftsarbeit hatte er an Buber geschrieben, daß er „eine neue offizielle Bibelübersetzung nicht bloß für unmöglich, sondern sogar für verboten" halte[3]. Was ihm schließlich doch dazu verhalf, die Hemmschwelle zu überschreiten, war die Einsicht in die Richtigkeit des von Buber gefundenen Prinzips, das den Vorrang des gesprochenen Wortes vor dem schriftlich fixierten behauptet. Buber bezog sich dabei auf *Goethe*, der „an bedeutender Stelle von der Rede des Himmels an die Erde in deren Urzeit berichtet: ‚wie das Wort so wichtig dort war, weil es ein gesprochen Wort war'"[4].

---

[1] Dazu Bubers Ansprache aus Anlaß der Vollendung der Übertragungsarbeit (von 1962) in: Werke II, 1175–1186.

[2] *F. Rosenzweig*, Briefe, Berlin 1935, 551 (an *Eugen Mayer* vom 30. 12. 1925).

[3] Brief vom 25. Januar 1925.

[4] *Buber*, Das Wort, das gesprochen wird, in: Werke I, 443; darauf bezieht sich *Buber* nochmals in seiner Ansprache aus Anlaß des Abschlusses der Übersetzungsarbeit: Werke II, 1175.

Damit ergab sich gegenüber der Luther-Übersetzung tatsächlich eine neue Sachlage, die einen weiteren Übertragungsversuch von Grund auf rechtfertigte. Von Grund auf; denn es handelt sich nicht nur darum, mit Faust das „heilige Original" in das geliebte Deutsch zu übertragen, wie dies auf paradigmatische Weise durch *Luther* geschehen war, sondern um den daran gemessen geradezu revolutionären Versuch, in der Übersetzung den dem Bibeltext zugrundeliegenden mündlichen Wortklang hörbar zu machen. Dazu bemerkt Buber:

> Ich bin damals dem Charakter früher mündlicher Überlieferungen heiliger Texte nachgegangen, und zwar vornehmlich aus Epochen, in denen das die Überlieferung tragende Volk bereits eine ausgebildete Schriftlichkeit seiner Sprache besaß ... Von Gewicht war dabei für mich die Tatsache, daß man vielfach in der mündlichen Übergabe die größere Sicherheit für die Erhaltung des Wortlauts sah – eine Auffassung, die bemerkenswerterweise von bedeutenden Forschern unserer Zeit als für bestimmte religiöse Kulturen zutreffend bezeichnet wird. Durch jene Studien ist das in mir seit langem wachsende akustische Verständnis der Bibel zum ordnenden Bewußtsein gebracht worden [5].

Den Vorrang der Mündlichkeit aber begründet er mit dem aus seiner Entdeckung des Zwischenmenschlichen geschöpften Argument, das er gegen einen naheliegenden Einwand zum Ausdruck bringt:

> Aber was nun verleiht dem gesprochenen Wort diesen Vorzug? Ist ihm nicht oft unübersehbar vieles unermeßlich überlegen, das wir uns aus dem Bestand der Sprache holen, um es nur zu denken, oder das wir aus dem Besitz der Sprache holen, um es nur zu lesen? Ich meine, die Wichtigkeit des gesprochenen Wortes gründet in der Tatsache, daß es nicht bei seinem Sprecher bleiben will. Es greift nach einem Hörer aus, es ergreift ihn, ja es macht diesen selber zu einem, wenn auch vielleicht nur lautlosen Sprecher. Das darf aber nicht so verstanden werden, als ob das Begebnis der Sprache seinen Ort einfach in der Summierung beider Gesprächspartner ... hätte; als ob der Vorgang des Gesprächs durch die psychophysische Erfassung zweier individueller Einheiten in einem gegebenen Zeitablauf zulänglich zu erfassen wäre. Das Wort, das gesprochen wird, begibt sich vielmehr in der schwingenden Sphäre zwischen den Personen, der Sphäre, die ich das Zwischen nenne und die wir niemals in den beiden Teilnehmern aufgehen lassen können [6].

---

[5] A. a. O., 1176.
[6] Werke I, 443f.

Daraus erklärt sich die mitunter bis an den Rand der „Verzweiflung" getriebene Suche nach angemessenen Vokabeln, die dem Leser vielfach deshalb befremdlich vorkommen, weil sie im Unterschied zu einer Erwartungshaltung den Wortklang der Mündlichkeit auszudrücken sucht. Bezeichnend dafür ist ein Briefwort *Rosenzweigs,* das sich auf die Übertragung des göttlichen Doppelnamens Jahwe Elohim im zweiten und dritten Kapitel des Buchs Genesis bezieht und für den die Übersetzer schließlich die Lösung „Er, Gott" fanden:

> Anfangs schrieben wir Herr. Das wurde uns immer unerträglicher, weil es ja einfach falsch ist. Wir sagten uns, daß man eigentlich eher umgekehrt für den Namen Gott sagen müsse und für elohim der Herr. Denn Gott hat für uns etwas Namenhaftes, während Herr das Allgemeinbegriffliche von elohim hat. So übersetzt ja auch Luther ..., offenbar aus diesem Gefühl heraus, mit Gott der Herr. Aber mit einer solchen Umkehrung wäre natürlich, so sahen wir, das Problem nur deutlich gemacht, nicht gelöst. Da fiel uns plötzlich, als die Übersetzung Herr uns bis zur Verzweiflung unerträglich geworden war, die jetzige Übersetzung ein[7].

Nichts läßt an dieser von geistiger Hochspannung zeugenden Briefstelle erkennen, daß Rosenzweig um diese Zeit bereits fünf Jahre lang an der fortschreitenden Lähmung des ganzen Bewegungssystems litt und daß er die Übersetzungsarbeit bereits als ein Schwerkranker in Angriff genommen hatte. Vielmehr brachte er zu Beginn des gemeinschaftlichen Werks sogar die geistige Freiheit auf, seinen Zustand in einem an Buber gerichteten Gedicht, das dieser mit dem Angebot des freundschaftlichen „Du" beantwortete, ironisch zu überhöhen:

> Daß aller Anfang Ende sei,
> ich habs erfahren.
> „ins Leben" schrieb ich, schreibpflichtfrei, –
> nach knapp zwei Jahren
> ward lahm die tatgewillte Hand,
> die wortgewillte Zunge stand,
> so blieb mir nur die Schrift.
> Doch Anfang ward dies Ende mir:
> was ich geschrieben,
> ist kein – ich dank es, Lieber, dir –
> Geschreib geblieben.
> Wir schrieben Wort vom Anbeginn,

---

[7] *Rosenzweig,* Briefe, 599 (an *Martin Goldner* vom 23.6.1927).

Urtat die bürgt für Endes Sinn.
Und so begann Die Schrift[8].

Das Leiden steigerte sich zum Martyrium. Vermutlich wurde niemals ein Schriftwerk unter leidvolleren Bedingungen zu Papier gebracht als Rosenzweigs Beitrag zur „Schrift". In seinem Artikel über ‚Bubers religiöse Bedeutung' referiert *Walter Kaufmann* einen Augenzeugenbericht von den Umständen, unter denen Rosenzweig seine Übersetzungsarbeit leistete:

Er gab auf einer mühseligen Apparatur mit unsicheren Fingern einen, zwei, drei Buchstaben von jedem Worte an, seine Frau erriet es und sprach es aus[9].

Gemeint ist damit eine Aufhängevorrichtung, mit deren Hilfe Kopf und rechter Arm des Kranken hochgehalten wurden, so daß er mit Hilfe seines an den rechten Zeigefinger gebundenen Lineals auf die Zeichen der vor ihm angebrachten Buchstabiertafel zeigen und so zu verstehen geben konnte, wie er die Worte des links von ihm aufgeschlagenen Bibeltextes verdeutscht haben wollte. Die Übertragung der Schrift beschäftigte ihn buchstäblich bis zum Vorabend seines Todes, an dem er unter Anspielung auf die Tamar-Episode (2 Sam 13) für Buber noch folgende Briefzeilen diktierte:

... und – jetzt kommt sie, die Pointe aller Pointen, die der Herr mir wirklich im Schlaf verliehen hat[10].

Es trifft sich seltsam, daß die Übersetzungsarbeit nach dem Bericht Bubers um diese Zeit beim 53. Kapitel des Buchs Jesaja angelangt war, dem Lied vom leidenden Gottesknecht, der stumm, wie ein Lamm, zur Schlachtbank geführt wird (Jes 53,7)[11]. Doch auch die Fortführung der nunmehr von Buber allein zu vollendenden Arbeit stand unter ungünstigen Vorzeichen. Zu inneren Schwierigkeiten mit der Übertragung des Buches Hiob kam der Zwang zur Emigration (im März 1938) und in deren Gefolge ein völliger Stillstand der Arbeit, die erst in den fünfziger Jahren dank einer von *Jakob Hegner* und *Lambert Schneider* ausgehenden verlegeri-

---

[8] *Rosenzweig,* Briefe, 545 f (an *Martin Buber* vom 21.9.1925).
[9] *W. Kaufmann,* Bubers religiöse Bedeutung, in: Martin Buber, hrsg., von *P. A. Schilpp* und *M. Friedman,* Stuttgart 1963, 576.
[10] *Rosenzweig,* Briefe 633 (an *Martin Buber* vom 9.12.1929).
[11] *Buber,* Werke II, 1179.

schen Initiative wieder aufgenommen wurde. Beginnend mit den ‚Büchern der Weisung' (von 1954), den ‚Büchern der Geschichte' (von 1955) und den ‚Büchern der Kündung' (von 1958) erschienen dann aber in rascher Folge die restlichen Bände der ‚Schriftwerke', so daß das Gesamtunternehmen 1962 abgeschlossen werden konnte. Nun aber sah sich Buber mit dem Einwand konfrontiert, daß er sich angesichts der ungeheuerlichen Belastungen des deutsch-jüdischen Verhältnisses auf ein „utopisches" Vorhaben eingelassen habe. Indessen hielt er sich lieber an die Prognose des verstorbenen Freundes, der in dem bereits angeführten Brief an *Eugen Mayer* (vom 30. Dezember 1925) geäußert hatte:

> Ich fürchte manchmal, die Deutschen werden diese allzu unchristliche Bibel nicht vertragen, und es wird die Übersetzung der heut ja von den neuen Marcioniden angestrebten Austreibung der Bibel aus der deutschen Kultur werden, wie Luther die der Eroberung Deutschlands durch die Bibel war. Aber auch auf ein solch babylonisches Exil könnte ja dann nach siebzig Jahren ein neuer Einzug folgen, und jedenfalls – das Ende ist nicht unsre Sache, aber der Anfang und das Anfangen [12].

Wenn Rosenzweigs Prognose recht behält, steht der „neue Einzug", den er sich erhoffte, schon in den nächsten Jahren bevor.

2.
Hermeneutische Grundsätze

Durch das Prinzip der im Schrifttext gleicherweise verborgenen wie enthaltenen Mündlichkeit ergab sich für Buber ein neuer Zugang zur Bibel, über den er sich zu Beginn einer ‚dem Gedächtnis Franz Rosenzweigs' gewidmeten Abhandlung äußerte:

> Die besondre Pflicht zu einer erneuten Übertragung der Schrift, die in der Gegenwart wach wurde und zu unserm Unternehmen geführt hat, ergab sich aus der Entdeckung der Tatsache, daß die Zeiten die Schrift vielfach in ein Palimpsest verwandelt haben. Die ursprünglichen Schriftzüge, Sinn und Wort von erstmals, sind von einer geläufigen Begrifflichkeit teils theologischer, teils literarischer Herkunft überzogen, und was der heutige Mensch gewöhnlich liest, wenn er ‚das Buch' aufschlägt, ist jenem lauschenden Sprechen, das sich hier eingetragen hat, so unähnlich, daß wir allen Grund hätten, solcher Scheinaufnahme die achselzuckende Ablehnung vorzuziehen, die ‚mit diesem Zeug nichts mehr anzufangen weiß'.

---

[12] *Rosenzweig,* Briefe, 552.

Das gilt nicht etwa bloß für das Lesen von Übersetzungen, sondern auch für das des Originals: die hebräischen Laute selber haben für einen Leser, der kein Hörer mehr ist, ihre Unmittelbarkeit eingebüßt, sie sind von der stimmlosen theologisch-literarischen Beredsamkeit durchsetzt und werden durch sie genötigt, statt des Geistes, der in ihnen Stimme gewann, ein Kompromiß der Geistigkeiten zweier Jahrtausende auszusagen; die hebräische Bibel selber wird als Übersetzung gelesen, als schlechte Übersetzung, als Übersetzung in die verschliffene Begriffssprache, ins angeblich Bekannte, in Wahrheit nur eben Geläufige. An die Stelle der ehrfürchtigen Vertrautheit mit ihrem Sinn und ihrer Sinnlichkeit, die die Schrift fordert, ist ein Gemisch von erkenntnislosem Respekt und anschauungsloser Familiarität getreten [13].

Und er steigert diesen Gedanken sogar noch zu der Behauptung, daß sich dieses gestörte Verhältnis mit dem vergleichen lasse, das zwischen dem lebendigen Gott der Bibel und dem Gottesklischee besteht, auf das sich das Wort vom „Tod" und der „Ermordung" Gottes in unserem Zeitalter beziehe. „Überschriftet" wurde dieser Vorstellung zufolge der Bibeltext somit nicht so sehr durch die in ihn eingeflossenen Vorstellungen der Tradenten und Autoren als vielmehr durch die Fehlhaltung einer Leserschaft, die sich einbildet, immer schon das zu kennen, was sie stets neu hören sollte. Da es aber einer Übersetzung nicht gegeben ist, das Leseverhalten ihrer Rezipienten zu ändern, blieb nur der Weg, einen Übersetzungstext zu schaffen, an dem dieses Leseverhalten scheitern und zugunsten einer sachgerechten Einstellung aufgegeben werden mußte. Daraus erklärt sich Bubers Umgang mit dem Text, der sich von einigen von ihm ausdrücklich herausgestellten Grundsätzen leiten ließ. Bei der Verdeutlichung dieses Ansatzes nähert er sich immer mehr der – medienkritischen – Vorstellung, daß der Text lediglich als Niederschlag und Reproduktion eines ursprünglich mündlich gesprochenen oder doch gemeinten Wortes zu gelten habe und daß das ihm einzig angemessene Leseverhalten in dem immer neu anzusetzenden Versuch einer „Rückübersetzung" des Geschriebenen in den Wortklang genuiner Mündlichkeit bestehe [14]. Dazu bemerkt Buber:

---

[13] *Buber*, Über die Wortwahl in einer Verdeutschung der Schrift, in: Werke II, 1111.

[14] Mit dem Ausdruck „genuine Mündlichkeit" soll angedeutet werden, daß es sich dabei keinesfalls um den Versuch einer historisierenden Rekonstruktion handeln kann, wohl aber um den einer „Rückführung" des Geschriebenen auf seinen mündlichen Ursprung mit den Mitteln der dem Leser jeweils eigenen Sprache; dazu mein Beitrag ‚Mit anderer Stimme. Predigt als Rückübersetzung', in: Communio 11 (1982) 97–112.

Damit er solchem Anspruch gerecht werde, muß der Dolmetsch aus dem hebräischen Buchstaben wirkliche Lautgestalt empfangen; er muß die Geschriebenheit der ‚Schrift' in ihrem Großteil als die Schallplatte ihrer Gesprochenheit erfahren, welche Gesprochenheit sich – als die eigentliche Wirklichkeit der Bibel – überall neu erweckt, wo ein Ohr das Wort biblisch hört und ein Mund es biblisch redet. Nicht bloß Weissagung, Psalm, Spruch sind ursprünglich zungen-, nicht federgeboren, sondern auch Bericht und Gesetz; heiliger Text ist für alle ungebrochene Frühzeit mündlich überlieferter Text – mündlich überliefert auch da, wo daneben ein hochausgebildetes profanes Schrifttum besteht –, der erst, wenn seine unverfälschte Erhaltung trotz seiner dem Gedächtnis sich einprägenden Rhythmik und trotz allen strengen Memorialvorschriften unsicher geworden ist oder wenn besondere Zwecke es erfordern, aufgezeichnet wird. Was aber im Sprechen entstanden ist, kann nur im Sprechen je und je wieder leben, ja nur durch es rein wahr- und aufgenommen werden[15].

Die Arbeit des Übersetzers erreicht somit dann ihr Ziel, wenn es ihr gelingt, den Leser im Sinne der jüdischen Tradition in einen „Sprecher" zu verwandeln, der durch sein nachsprechendes Verhalten den Prozeß der Verschriftung, aus dem der Text hervorging, soweit an ihm liegt, rückgängig zu machen sucht; denn:

In der jüdischen Tradition ist die Schrift bestimmt, vorgetragen zu werden; das sogenannte Akzentsystem, das Wort um Wort des Texts begleitet, dient dem rechtmäßigen Zurückgehen auf seine Gesprochenheit; schon die hebräische Bezeichnung für ‚lesen' bedeutet: ausrufen, der traditionelle Name der Bibel ist: ‚die Lesung', eigentlich also: die Ausrufung; und Gott sagt zu Josua nicht, das Buch der Thora solle ihm nicht aus den Augen, sondern, es solle ihm nicht ‚aus dem Munde' weichen[16].

Vor diesem Hintergrund können nun die hermeneutischen Grundsätze Bubers deutlich gemacht werden, von denen *Walter Kaufmann* in seinem Beitrag über Bubers religiöse Bedeutung drei als besonders wichtig hervorhob:

Der erste, von größter Wichtigkeit, besteht darin, daß jedes Wort nach Möglichkeit mit demselben Gegenwort übersetzt werden muß, – nicht mit einem Wort hier, mit einem andern da, mit einem dritten dort ... Offensichtlich zwingt dieser Grundsatz dazu, ein wirklich gleichwertiges Wort zu finden, eines, das eine möglichst große Anzahl von Schattierungen des Originals enthält ...

Der zweite mit dem ersten eng verknüpfte Grundsatz besteht darin, daß man auf die Wurzel des Worts zurückgehen muß, da, zumal im Hebräi-

---

[15] Werke II, 1114.

[16] Ebd.

schen, dieselbe Wurzel zwei Hauptwörter, oder – was häufiger vorkommt – ein Hauptwort und ein Zeitwort oder ein Eigenschaftswort verbinden kann ... Dies führt zur Suche der meist sinnenhaften Grundbedeutung dieser Wurzel, die, einmal gefunden, die davon abgeleiteten Worte wieder belebt und den Sinn des Wortlauts mit Reihen neuer Verbindungen und Beziehungen bereichert.

Der dritte Grundsatz – eine weitere Folge des ersten – ist der, daß ein seltenes Wort durch ein seltenes Wort wiedergegeben werden muß. Dies hängt mit einem charakteristischen Kunstmittel der Bibelerzählung zusammen, das Buber und Rosenzweig, unter Abwandlung von Wagners ‚Leitmotiv', ‚Leitwort-Stil' nennen ... Bei ihrem Versuch, die Bibel auch für das Ohr neu zu schaffen, fühlten sich Buber und Rosenzweig auch für Ton und Rhythmus verantwortlich, die die hebräische Heilige Schrift zum Leben bringen ...[17].

Zu dem von ihm selbst als besonders bedeutsam eingeschätzten Strukturelement gibt Buber im Rückblick auf die Übersetzungsarbeit einen erläuternden Hinweis:

Es geht um jenes Strukturprinzip, dessen prägnanteste Erscheinung ich als ‚Leitwort' bezeichne. Man vergegenwärtige sich nur diese Sprecher, lehrende Wahrer mündlichen Urguts und Träger des Wortes im geschichtlichen Augenblick zugleich, und ihre Hörer, geladenerweise oder wie es sich eben traf auf heiligen und profanen Plätzen Versammelte, die aber auch das bisher vernommene Wort, das bislang in ihren Ohren Gerufene, die bisherige Urbibel, in ihrem vitalen Gedächtnis hegten – und wie nun ein einst gehörtes seltenes Lautgebild oder ein ihm nahverwandtes in neuer Verbindung an ihr Ohr dringt: sie horchen auf, sie ergreifen jenes und dieses in einem, und jetzt sehen sie auch beides in einem, etwa den mit vibrierenden Flügelspitzen über den eben flügge werdenden Völker-Nestlingen ‚schwingenden' Adler (Dt 32, 11) und den ebenso über den Wassern der Vorschöpfung schwingenden ‚Braus Gottes' (Gen 1, 2), und die beiden Bilder illuminieren einander[18].

Somit verhilft das Leitwort, wie es seinem Vorkommen in einem Text entspricht, zunächst zur Zusammenschau scheinbar auseinanderliegender Stellen und auseinanderdriftender Motive. Als Leit-Wort macht es aber nicht weniger auch den „Zusammenklang" im Grunde disparater Textgestalten hörbar. Im Zug dieser Wahrnehmung gerät Buber dann allerdings in gelegentlichen Widerspruch zu den Resultaten der literarkritischen und formgeschichtlichen Methode, da er Zusammengehörigkeiten zu erken-

---

[17] *Kaufmann,* Bubers religiöse Bedeutung, a. a. O., 577 f.
[18] *Buber,* Werke II, 1177 f.

nen glaubt, wo sie mit unterschiedlichen Quellenschriften rechnen, und da er bisweilen dort ursprüngliches Traditionsgut vermutet, wo sie Legenden- oder Gemeindebildungen annehmen. In der Divergenz der Resultate sieht Buber den Gegensatz zweier Methoden gespiegelt: den der historisch-kritischen, die er die „spekulative Theorie" nennt, und den seiner eigenen, die er als die „intuitiv-wissenschaftliche Methode" bezeichnet. Für sie ist alles in der Schrift „echte Gesprochenheit"; denn in „jedem Gliede ihres Leibes ist die Bibel Botschaft"[19].

Nach *James Muilenburg* ergibt sich daraus der Weg, den die Schrifterschließung einzuschlagen hat. Er hat zunächst den Charakter eines Rückgangs über die im Text erkennbaren „Stufen", bis zu jener Stelle, an welcher der Glaube Israels „seinen ersten Ausdruck findet". Wenn dieser Punkt erreicht ist, muß der Weg im Gegensinn beschritten werden. Dann nämlich „sind wir in der Lage, uns vorwärts zu bewegen und die Entwicklung des Glaubens im Licht der hauptsächlichen Bestätigungen des ursprünglichen ‚Geschehens' zu verfolgen[20]. So wird es möglich, auch aus legendarisch gestalteten Texten „den in ihnen bewahrten historischen Kern" herauszuschälen. Im Unterschied zur modernen Forschung bleibt Buber jedoch dabei nicht stehen; vielmehr geht er von der Frage nach der historischen Echtheit auf die der religiösen Authentizität zurück:

> Zuerst erwähnt er den sozial-historischen Hintergrund, sodann ‚den Gesichtspunkt der Geistes- und besonders der Religionsgeschichte'. Hier ist es nicht eine Frage der Echtheit des äußeren Ereignisses, sondern der religiösen Handlung oder Haltung der fraglichen Epoche[21].

Denn für Buber gibt es in der Geschichte der Religion „Vorgänge, Zustände, Gestalten, Äußerungen" und Taten, deren Einzigkeit nicht erdacht und erdichtet sein kann, sondern als tatsächlich angenommen werden muß. In ihnen bekundet sich jenes einzigartige „Verhältnis eines Glaubens zum Geglaubten", auf welches das besondere Interesse der „wissenschaftlich-intuitiven Methode" gerichtet ist[22]. Mit Muilenburg wird man sagen können, daß es sich dabei zwar um eine Methode handelt, deren Posi-

---

[19] Dazu *J. Muilenburg*, Buber als Bibel-Interpret, in: Martin Buber, 366.
[20] A. a. O., 370.
[21] A. a. O., 370f.
[22] *Buber*, Der Glaube der Propheten, 18.

tionen in vielen Hinsichten überprüft werden müssen, die dafür aber den außerordentlichen Vorzug hat, daß sie die Botschaft der Bibel, besser gesagt, die Bibel als Botschaft, hörbar macht.

3.
Mit Furcht und Zittern

Im Blick auf die Episode ‚Samuel und Agag' gesteht Buber in seinen autobiographischen Fragmenten, daß er immer dann, wenn er einen biblischen Text zu übertragen oder zu interpretieren habe, an seine Aufgabe „mit Furcht und Zittern" herangehe; und er begründet das mit dem Hinweis auf die „unentrinnbare Schwebe", in die er damit „zwischen dem Worte Gottes und den Worten der Menschen" gerate[23].

Denn mit den Worten der Menschen, in denen sich das biblische Gotteswort ausdrückt, ist unvermeidlich auch stets die Möglichkeit des Mißverstehens gegeben, die um so bedrückender wirkt, als „kein objektives Kriterium für die Scheidung" zur Verfügung steht. In diesem Dilemma, so Buber, haben wir „einzig den Glauben, – wenn wir ihn haben". Es ist der Glaube, der ihn in dem um jene Episode geführten Gespräch dazu bewog, sich in der Alternative zwischen Gott und der Bibel für den geglaubten Gott, selbst gegen den biblischen Wortlaut, zu entscheiden. Von der Furcht, in der diese Entscheidung immer neu getroffen werden muß, sagt Buber in anderem Zusammenhang, sie sei „das dunkle Tor, durch das der Mensch gehen muß, um in die Liebe Gottes zu kommen". Und er ergänzt dieses schöne Bild durch die Zusatzbemerkung:

> Nur durch die Furcht Gottes tritt der Mensch so in die Liebe Gottes, daß er aus ihr nicht mehr geworfen werden kann. Aber Furcht Gottes ist eben ein Tor, sie ist nicht ein Haus, in dem man sich wohnlich einrichten kann; wer darin verweilen wollte, würde in der Anbetung die Erfüllung jenes eigentlichen Gebots versäumen. Das ist unbegreiflich, aber er ist erkennbar in der Verbundenheit mit ihm[24].

Die nachwirkende Furcht nötigt den Erkennenden zu einem Höchstmaß an Sorgfalt und Genauigkeit. Was das für das der Bi-

---

[23] Dazu nochmals das Zitat S. 16.
[24] *Buber*, Einsichten, Wiesbaden 1953, 12f.

belübersetzung zugrundeliegende Textverständnis besagt, läßt *Rosenzweigs* Briefwechsel an zahlreichen Stellen erkennen, besonders eindrucksvoll dort, wo er sich mit dem zweiten Schöpfungsbericht des Buches Genesis befaßt. Es handelt sich um den altertümlichen, mit einer vierfachen Verneinung einsetzenden Bericht – noch gibt es kein Gesträuch, kein Feldgewächs, keinen Regen, weil der Mensch als Bebauer der Erde noch nicht da ist (Gen 2,5) –, der dann aus dieser gesteigerten Abwesenheit den Menschen als das Werk göttlicher Gestaltung und Einhauchung hervorgehen läßt (2,7). In einer ersten Bezugsstelle nennt Rosenzweig diese so andersartige Schöpfungsgeschichte „das genaue Gegenteil der ersten, die antikreatürliche", und er charakterisiert sie mit den Worten:

> Knapp Erde und Himmel sind geschaffen, da, am Tag! nicht ‚zur Zeit', erscheint der Mensch, Erstling, nicht Jüngster der Schöpfung. Auf ihn wartet das Kraut des Feldes, für ihn entstehen die Tiere. Diese Geschichte ist, zwar nicht so wirklich, aber eben so wahr wie die erste. Sie gehört auch in die Bibel[25].

In einem zweiten Anlauf spricht er von dem Zusammenklingen anscheinender Widersprüche, „von denen die kritische Scheidung ausgeht". Und diesmal unterscheidet er die „kosmologische, zum Menschen führende Schöpfung" im ersten Genesiskapitel von der „anthropologischen, vom Menschen anhebenden Schöpfung" im zweiten[26]. Ohne es zu beabsichtigen oder auch nur zu ahnen legt er damit den Grundstein zum Verständnis eines Vorgangs, den spätere Reflexion als die „anthropologische Wende" in der Gegenwartstheologie bezeichnete. Denn er macht mit dieser Charakteristik die Tatsache deutlich, daß es in der Bibel nicht nur das von Gott und seiner Offenbarung ausgehende und zum Menschen hinführende Denken gibt, sondern auch das Umgekehrte, das in dem – selbstverständlich als Gottesgedanken begriffenen – Menschen seinen Ausgang nimmt. Daß sich von hier aus eine Linie zu dem von Buber als besonderes Problem empfundenen Buch Hiob zieht, das von dem auf sich selbst zurückgeworfenen Menschen ausgeht und sich von da einen Weg zur Gottesweisheit bahnt, bedarf keiner besonderen Hervorhebung[27]. Wohl aber darf man sich

---

[25] *Rosenzweig,* Briefe, 539 (an *Martin Buber,* Juni 1925).
[26] A. a. O., 582 (an *Jakob Rosenheim* vom 21. 4. 1927).
[27] Dazu *Buber,* Zur Verdeutschung des Buches Hiob, in: Werke II, 1170–1174.

die Tatsache nicht entgehen lassen, daß hier in den Dialog des Menschen mit seinem Gott ein völlig neuer Ton einzieht: „Habe ich gesündigt, was tat ich dir damit an, Hüter des Adamgeschlechts ... Weshalb erträgst du meine Abtrünnigkeit nicht?" (Hi 7,20f)[28]. Was aber Rosenzweigs Verständnis des zweiten Schöpfungsberichts anlangt, so führt ihn sein Wille zur Genauigkeit schließlich zu der höchst bedeutungsvollen Erkenntnis, daß der Eröffnungsvers nicht, wie es vielfach geschieht, als „Nachbemerkung" zum ersten Bericht gezogen werden darf, weil der Satz „Dies sind die Zeugungen des Himmels und der Erde" (2,4) die folgende Erzählung im Sinn der späteren „Geschlechterfolgen" als „Zeugungsgeschichte" verstanden wissen will. Hier ist die Welt tatsächlich so sehr um des Menschen willen geschaffen, daß er geradezu als ihr (ideeller) Stammvater erscheint[29].

Wenn *Rosenzweig* von der als „Anfang der Weisheit" begriffenen Gottesfurcht geleitet wird – und er verstand sich stets als das „intellektuelle Gewissen" des Übersetzerteams –, dann Buber von der Überzeugung, daß die Furcht das „Tor" zur Liebe ist. Sprechender Beleg dafür ist seine Auslegung von Jakobs nächtlichem Kampf (Gen 32,23–33), den er gegen den äußeren Anschein als die Geschichte eines göttlichen Huld- und Liebeserweises deutlich macht. Nach jahrelanger Emigration kehrt Jakob in die Heimat zurück, geleitet von der Absicht, sich mit seinem Bruder zu versöhnen, jedoch belastet von der Schuld, sich als „Fersenschleicher" das Erstgeburtsrecht auf betrügerische Weise angeeignet zu haben. Da zwingt ihn im Morgengrauen ein Unbekannter zu dem ungleichen und doch für den Heimkehrer nicht aussichtslosen Kampf, der den geheimnisvollen Gegner schließlich dazu nötigt, von seiner überirdischen Macht Gebrauch zu machen und so sein wahres Wesen zu enthüllen. Das nutzt der durch die Berührung der Hüfte Gelähmte zu der Bitte um seinen Segen. Und mit dem entsühnenden Segen empfängt er den neuen Namen, der die alte Belastung von ihm nimmt. Nicht mehr „Fersenschleicher", sondern „Gotteskämpfer", in Bubers Übertragung „Fechter Gottes", soll er von nun an heißen; oder nun wörtlich:

Es geht um zwei Dinge, den Segen und den Namen. Den erschlichenen Segen soll der errungene decken. ‚Ich entlasse dich nicht, du habest mich

[28] A.a.O., 1170.

[29] A.a.O., 626 (an *Joseph Carlebach* vom 30.5.1929).

denn gesegnet.' Darauf aber fragt der Mann nach seinem Namen. Er antwortet: ‚Jakob'; und der biblische Hörer der Erzähler hörte ‚Fersenschleicher'. Das eben, das Namensbekenntnis der Schuld, wollte der Mann ausgesprochen bekommen. Und nun nimmt er diesen Schuldnamen von ihm: ‚Nicht fürder Jakob, Fersenschleicher, werde dein Name gesprochen ..., sondern Israel, Fechter Gottes.' Der schlechte Kampf ist durch den guten gebüßt, der schändlich gewordene Name durch einen heiligen abgelöst. Noch dreimal folgt das Leitwort ‚Name' und hämmert uns den Sinn des Geschehenen ein. Dazwischen steht der Segen, ohne eine Rede, es ist wohl nur die segnende Gebärde gemeint, aber es genügt: der erfochtene Segen deckt den erschlichenen zu. Bald (35, 10) wird Gott selber die Erneuung des Menschen Jakob-Israel aussprechen und damit endgültig vollziehen[30].

Ausdrücklich wird das Motiv der Liebe aber vollends dort, wo es in aller Form ‚um die Liebe' zu tun ist, bei Bubers Deutung des Propheten Hosea, der nicht nur wie andere „Künder" dazu bestellt ist, „wie ein Mund" seines Gottes zu wirken, sondern „mit allem, was er war und lebte, bis ins Intimste hinein", von seiner prophetischen Sendung bestimmt wird[31]. Durch die ihm von Gott aufgenötigte Ehe mit einem „buhlsüchtigen Weib" wird er zum menschlichen Abbild der leidenden Liebe Jahwes. Vor den Augen der Menge macht er sich damit zum Narren; doch ergeht es ihm in Wahrheit wie einem Stigmatisierten, der, „die Wundmale an seinen Händen betrachtend, die des Gekreuzigten kennenlernt"[32]. Trotz dieser Erfahrungstiefe „verschwendet" der Prophet „das kostbare Wort Liebe" nicht:

Jedenfalls sagt er in dem uns erhaltenen Buch alles Wesentliche über die Liebe Gottes je nur ein einziges Mal. Es sind drei Dinge. Das erste: es ist eine heischende Liebe. Jahwe bekennt, daß er Israel damals, als es jung war und er es liebgewann (11, 1), als seinen Sohn von Ägypten herbeirief und es ‚an Stricken der Liebe' zu sich zog ... Das zweite: es ist eine zornige Liebe. Jahwe versichert (9, 15), er habe einen Haß gegen Israel gefaßt, er wolle es aus seinem Hause treiben, er könne es fortan nicht mehr lieben. Und das dritte: es ist eine gnädige Liebe. Jahwe verheißt (14, 5): „Ihre Abkehr werde ich heilen, freiwillig werde ich sie lieben."[33]

Indessen ist die Verwendung des Schlüsselwortes durch Hosea durch ein merkwürdiges Defizit gekennzeichnet: es wird von ihm

---

30 *Buber*, Die Schrift und ihre Verdeutschung, in: Werke II, 1140f.
31 *Buber*, Der Glaube der Propheten, 159.
32 A.a.O., 161.
33 A.a.O., 162f.

„nie, auch nicht fordernd, für das Verhältnis Israels zu Jahwe" gebraucht[34]. Zwar beklagt sich der Bundesgott mit größter Bitterkeit über die Abkehr des ehebrecherischen Volkes; dennoch fordert er die so schmerzlich vermißte Liebe nicht von ihm ein: „Liebe ist bei Hosea kein Begriff der Gegenseitigkeit zwischen Gott und Mensch."[35] Um so leuchtender tritt vor diesem Hintergrund der Liebesbeweis Gottes in Erscheinung. Denn Gottes Liebe ist keinen Stimmungen unterworfen, so daß sie so flüchtig wäre wie Morgengewölk und rasch vergehender Tau (6,4). Deshalb versichert er in dreifach wiederholter feierlicher Selbstentschließung:

> Ich verlobe dich mir auf ewig; ich verlobe dich mir in Wahrspruch und Gerechtigkeit, in Huld und Erbarmen; ich verlobe dich mir in Treue; erkennen sollst du Jahwe (2,21 f)[36].

Wie kaum einmal sonst kündigt sich hier im Spannungsfeld von Gottesgericht und Gotteshuld und dem darauf antwortenden Gefühlszwiespalt von Furcht und Zittern der bedingungslos liebende Gott des Neuen Bundes, der Gott Jesu, an.

4.
Bilddenken im Bilderverbot

Buber ist ein radikaler Bildkritiker, minder radikal als der ihm darin vergleichbare *Schönberg* in der Begründung, schärfer als dieser jedoch in der Tendenz. Denn diese dient nicht nur seiner Abgrenzung vom Christentum; vielmehr gipfelt seine Christentumskritik letztlich in dem Vorwurf, daß die Lehre von der bildhaften Selbstmanifestation Gottes in Christus den bildnegierenden Gott des jüdischen Glaubens „verdecke"[37]. Schärfer kann das Recht des Bildes kaum in Frage gestellt werden. Daran gemessen wirkt seine Begründung eher zurückhaltend. Während es in Schönbergs Oper ‚Moses und Aaron' das Wesen Gottes verbietet, von ihm, wie es dann zum Entsetzen des Offenbarungsträgers geschieht, ein Bild zu machen, das dann doch nur das „Abbild des Unvermögens" sein kann, „das Grenzenlose in ein Bild zu fassen", ist die Verbild-

---

[34] A. a. O., 163.
[35] Ebd.
[36] A. a. O., 165.
[37] Näheres dazu im nächsten Kapitel (S. 107; 119 f; 126 f).

lichung bei Buber eher ein Verstoß gegen die Freiheit und Unverfügbarkeit Gottes. Für den Mose der Schönberg-Oper ist das Gottesvolk „auserwählt , den Unsichtbaren zu wissen, den Unvorstellbaren zu denken“[38]. Deshalb weist er den Einwand Arons, daß nicht geliebt werden könne, was man sich nicht vorstellen darf, mit der wuchtigen Gegenthese zurück:

> Unvorstellbar, weil unsichtbar;
> weil unüberblickbar;
> weil unendlich;
> weil ewig;
> weil allgegenwärtig;
> weil allmächtig[39].

Demgegenüber konzentriert sich Buber auf den ‚Urdekalog‘ und seine Zielsetzung. Im Streit, ob das im Stil eines „Reformprogramms“ formulierte und in dieser Form zweifellos späte Bilderverbot auf Mose zurückgeführt werden könne, gibt er zu bedenken, daß auch durch Einflüsse von seiten der ägyptischen Götterwelt eine Kampfsituation entstehen konnte[40]. In seiner Grundform (Ex 20, 4 f) untersage das Bilderverbot, die numinosen Gestalten im Himmel, auf Erden und im Wasser zu verehren; mittelbar verbiete es damit freilich zugleich, „Jahwe sichtbar im Bilde oder in einer der Naturgestalten anzubeten“[41]. Was das besagt, werde indessen erst klar, wenn man Jahwes Charakter als Weg- und Führergott bedenke, der zwar in unterschiedlichen Manifestationen erscheint, jedoch mit keiner eindeutig identifiziert werden kann[42]. Doch gerade die sich darin bekundende Unverfügbarkeit Gottes werde durch seine Verbildlichung angetastet. Denn durch das Bild würde er „auf eine bestimmte Form festgelegt“ und so, radikaler noch, auf die damit bezeichnete Erscheinungsweise „beschränkt“[43]. Kaum braucht dem noch hinzugefügt zu werden, daß sich an diesem Differenzpunkt mehr als an jedem anderen Motiv

---

[38] Näheres dazu in meinem Beitrag ‚Der unvorstellbare Gott‘, in: Moses und Aron. Zur Oper Arnold Schönbergs, Bensberg 1979, 25–49.

[39] *A. Schönberg,* Moses und Aaron, 1. Akt, 2. Szene; dazu *Karl H. Wörner,* Gotteswort und Magie. Die Oper ‚Moses und Aaron‘ von Arnold Schönberg, Heidelberg 1959, 9–71.

[40] *Buber,* Moses, in: Werke II, 143.

[41] A. a. O., 144.

[42] A. a. O., 146.

[43] Ebd.; dazu auch die Bemerkungen zum Urdekalog, in: Der Glaube der Propheten, 38.

Bubers Kritik an der christlichen Glaubensweise und dem ihr zugrundeliegenden Offenbarungsverständnis entzündet.

Dennoch ist Bubers Bildkritik nicht weniger grundsätzlich als diejenige, auf die sich Schönbergs Oper aufbaut. Sie setzt nur nicht in einer Begriffsbestimmung Gottes an, sondern in Bubers Offenbarungsverständnis, genauer noch in dem, was er als die derzeitige Erscheinungsform der Gottesoffenbarung versteht. Sie aber besteht, wie *Christian Schütz* ebenso scharfsinnig wie sensibel aufgewiesen hat, in der die gegenwärtige Weltstunde bestimmenden ‚Verborgenheit Gottes'[44]. Buber selbst gebrauchte dafür das von *Nietzsche* geborgte Schlagwort ‚Gottesfinsternis'[45]. Sie aber ist für Buber, der sich mit dieser Einschätzung von Nietzsche und seinen theologischen Epigonen abwendet, „kein Vorgang, den man von Veränderungen aus, die sich im Menschengeist vollzogen haben, zulänglich erfassen kann", sondern ein religiöses, Gottes unverfügbare Selbstentschließung betreffendes Ereignis, das zulänglich nur als „Rückzug" Gottes in seine Verborgenheit gedeutet werden kann[46]. Wie Schütz zu zeigen vermochte, ergibt sich diese Folgerung aus der Erkenntnis, daß die Vorstellung von dem Wege- und Führergott Israels auch rückbezüglich, also nicht nur für den von Gott geführten Menschen, sondern auch für Gott selber gilt[47]. Dieser Gott ist jeder menschlichen Bestimmung voraus und darum von keiner je einzuholen. Die gegenwärtige Weltstunde aber ist dadurch gekennzeichnet, daß sich die Zeit seiner machtvollen Präsenz in die seiner Verborgenheit überholt hat.

Das gilt dann freilich auch von den das Gottesgeheimnis umschreibenden Bildern. Indem sie es zu verdeutlichen suchen, verdecken sie es; und indem sie es verhüllen, geben sie es auf andere Weise wieder frei. In dieser Dialektik dürfte es begründet sein, daß der Bildkritiker Buber den ‚Bildern von Gut und Böse' eine eigene Abhandlung widmete[48]. Sie läßt dort, wo sie formell auf „Gebild" und „Bilderei" eingeht, dann allerdings einen zutiefst gebrochenen Bildbegriff erkennen:

---

[44] *Schütz*, Verborgenheit Gottes. Martin Bubers Werk – Eine Gesamtdarstellung, Einsiedeln 1975.
[45] So seine titelgleiche Studie (von 1953).
[46] *Schütz*, a. a. O., 254; 311.
[47] A. a. O., 312.
[48] *Buber*, Bilder von Gut und Böse, Köln und Olten 1958.

Die Bilderei, ‚die Malereien des Herzens' (Ps 73,7), ist das Spiel mit der Möglichkeit, das Spiel als Selbstversuchung, der je und je, sprunghaft, die Gewalttat entspringt[49].

Doch gerade so eignet sich dieses Bilddenken zur Auslegung der vom ‚Baum der Erkenntnis' handelnden Urszene, mit der Bubers Schrift beginnt. Als „Spiel der Möglichkeiten" sind die Bilder in ihrer Vieldeutigkeit und Oszillation angesprochen. Keinem Schlüssel öffnet sich die im Vorraum des Sittlichen angesiedelte und zwischen Ernst und Ironie spielende Szene so wie diesem:

> Der ganze Vorgang ist aus Spiel und Traum gesponnen; Ironie, eine geheimnisvolle Ironie des Erzählers ist es, die ihn spinnt. Es ist offensichtlich: die zwei Täter wissen nicht, was sie tun, mehr noch: sie können nur tun, nicht wissen. Für das Pathos der zwei Prinzipien, wie wir es etwa aus der altiranischen Religion kennen, das Pathos der Wahl, die die Zwei selber und in ihrer Gefolgschaft die Menschen vollziehen, ist hier kein Raum[50].

Zwar ist ständig und „in immer neuen Zusammenhängen" von elementaren Gegensätzen die Rede; und es „soll überdeutlich werden, daß es eben um sie geht". Aber sie werden nicht im Sinne rationaler und ethischer Unterscheidbarkeit gegeneinander ausgespielt; ja es ist noch nicht einmal angedeutet, was mit ihnen gemeint ist:

> Die Wörter können den sittlichen Gegensatz, sie können aber auch den von Heilsam und Schädlich, den von Wonnig und Widrig bezeichnen; unmittelbar nach der Rede der Schlange ‚sieht' das Weib, der Baum sei ‚gut zum Essen', und unmittelbar auf das Verbot Gottes folgte sein Spruch, es sei ‚nicht gut', daß der Mensch allein sei – ebenso unbestimmt ist das Adjektiv, das mit ‚böse' übersetzt wird[51].

Im Zug dieses Bilddenkens, das die Vokabeln auf ihre semantischen Wurzeln zurückführt und in ihren assoziativen Zusammenhängen auslotet, überschreitet Buber die gängigen Interpretationen, dies jedoch so, daß er sie zugleich „unterwandert". So wird ihm der Text zur Auskunft über die selbst den frühen Schriftpropheten noch vorausliegende Bewußtseinsstufe, in der noch nichts im Sinn des neuzeitlichen Denkens „festgestellt" ist und dennoch schon alle wesentlichen Vorentscheidungen fallen:

---

49 A. a. O., 44.
50 A. a. O., 18.
51 A. a. O., 19.

In der Terminologie des modernen Denkens können wir das Gemeinte umschreiben durch: zureichendes Bewußtsein der Gegensätzlichkeit alles innerweltlichen Seins, und das heißt vom biblischen Schöpfungsglauben aus: zureichendes Bewußtsein der in der Schöpfung latenten Gegensätzlichkeit [52].

Was die Sensibilität dieses Bilddenkens zum Vorschein bringt, wird am Schluß der Auslegung deutlich, wenn Buber auf den Sinn der von ihm registrierten Ironie zu sprechen kommt. Es ist die Ironie eines göttlichen Mitleidens:

> Gott, der dem Staubgebild seinen Atem eingehaucht, es in den Vierströmegarten gesetzt und ihm die Gefährtin geschenkt hatte, wollte, daß es sich weiter von ihm anleiten lasse; er wollte es vor der latenten Gegensätzlichkeit des Daseins behüten. Der Mensch aber hat sich – in eine Dämonie verfangen, die der Erzähler uns mit seinem Gespinst aus Spiel und Traum verbildlicht – dem Willen Gottes und seiner Hut in einem entzogen und hat, zwar ohne recht zu wissen, was er tut ..., die latente Gegensätzlichkeit am gefährlichsten Punkt, dem der größten Gottesnähe der Welt, zum Ausbruch gebracht [53].

Im Gefolge dessen verfällt der Mensch seiner immanenten Gegensätzlichkeit; immerfort erfährt er sich als nackt und dadurch genötigt, nach deckenden Feigenblättern Ausschau zu halten. Das müßte ihn in die volle Dämonie treiben, wenn dem nicht durch das seinem Leben gesetzte Ende Einhalt geboten würde. Zwar ist er so sehr „lebende Seele"(Gen 2,7), daß er den vorgewußten Tod als drohende Grenze empfindet; doch kann er für ihn auch zum rettenden „Hafen" werden, in dem der auf dem Meer der Gegensätzlichkeiten Umgetriebene schließlich Zuflucht findet. So wandelt sich der über ihn ausgesprochene Fluch zum Segen:

> Der Mensch wird aus dem Sitz, der ihm gerichtet war, auf einen Weg, seinen, den Menschenweg, geschickt. Daß es der Weg in die Geschichte der Welt ist, daß die Welt erst durch ihn eine Geschichte – und ein Geschichtsziel – hat, ist dem Erzähler wohl, auf seine Weise, zu Gefühl gekommen [54].

Es sind gebrochene, eher trübe als leuchtende Bilder, auf die sich Bubers Deutungskunst bezieht. Doch gerade ihnen gewinnt er, wie sein Schlußgedanke zeigte, Einblicke in das abgründige

---

52 A.a.O., 23.
53 A.a.O., 29.
54 A.a.O., 31.

Menschenwesen ab, die tiefer dringen als die Auskünfte der klassischen Anthropologie. Und damit bestätigt er aufs neue, daß er auf seine Weise die anthropologische Wende mitvollzieht, die sich gerade auch im Blick auf ihn als einer der wichtigsten Vorgänge im theologischen Denken der Gegenwart erweist. Durch diesen Mitvollzug gerät er dann aber zugleich in Konflikt mit der christlichen Theologie und ihrer Glaubensweise. Es ist der Konflikt eines Glaubens, der sich „unmittelbar zu Gott" weiß, mit dem christlichen, dem alles durch den „Mittler" und sein – sich immerfort aufhebendes – Mittlertum gegeben ist. Diesen „segensreichen" Konflikt, der wiederholt an Jakobs Kampf mit dem ihn segnenden Gegner erinnert, gilt es abschließend zu bedenken.

V
Kritik des Christentums

1.
Die Stunde der Gottesfinsternis

In der Abfolge von Bubers Werken stehen zwei sich auffällig nah: die Kritik des Christentums unter dem Titel ‚Zwei Glaubensweisen' (von 1950) und die zeitkritische Abhandlung ‚Gottesfinsternis' (von 1953), die aus einigen (Ende 1951) an amerikanischen Universitäten gehaltenen Gastvorlesungen hervorging. Da die Gedanken, die Buber in seinen Schriften vorträgt, in der Regel einen langen Reifungsprozeß durchlaufen, drängt sich die Vermutung auf, daß der zeitlichen Nähe der beiden Werke ein inhaltlicher Zusammenhang entspricht. Wenn diese Vermutung zutrifft, fand Buber in dem von ihm kritisierten Christenglauben den Schlüssel zu seiner Zeitdiagnose; und dann war diese umgekehrt die zeitkritische Anwendung seiner Glaubensanalyse. Daß diese Vermutung nicht zu weit hergeholt ist, zeigen die Motive, in denen er seine These von der über die Gegenwart hereinbrechenden Gottesnacht begründet sieht. Daß bei ihm aber überhaupt nach derartigen Motiven gesucht werden kann, ergibt sich aus der Schlüsselstelle, die sein Thema ebenso machtvoll wie genau intoniert:

> Verfinsterung des Himmelslichts, Gottesfinsternis ist in der Tat der Charakter der Weltstunde, in der wir leben. Aber das ist kein Vorgang, den man von Veränderungen aus, die sich im Menschengeist vollzogen haben, zulänglich erfassen kann. Daß die Sonne sich verfinstert, ist ein Geschehen zwischen ihr und unserem Auge, nicht in diesem darin [1].

Mit Bubers Lehre vom Zwischenmenschlichen hat das insofern zu tun, als sie ihm in der Anwendung auf das Gottesverhältnis hilft, die gestörte Beziehung, auf die er abhebt, gewichtiger zu neh-

---

[1] *Buber,* Gottesfinsternis, 31.

men, als es vom Ausdruck her zu erwarten ist. Für ihn ist die „Störung", die den Anblick der Gottessonne verhindert, zweifach motiviert. Die erste Ursache, von der im Titelwerk die Rede ist, erblickt er in der Reflexivität des modernen Bewußtseins, die sich verstörend auf den religiösen Akt, vor allem in seiner spirituellen Elementarform, das Gebet, auswirkt. Da es im Gebet letztlich um die „Kundgabe der göttlichen Gegenwart" zu tun ist, ist schlichtes Hingewandtsein und rückhaltlose Spontaneität seine unerläßliche Voraussetzung:

> In diesem unserm Stadium der subjektivierenden Reflexion aber wird nicht allein die Konzentration des Beters, sondern seine Spontaneität selber angegriffen. Der Angreifer ist das Bewußtsein, das Überbewußtsein dieses Menschen hier, daß er betet, daß er *betet,* daß *er* betet. Und der Angreifer scheint unüberwindlich. Das Subjektwissen des sich Hinwendenden um seine Hinwendung, dieser Rückhalt des nicht in den Akt mit eingehenden Rest-Ich, dem er ein Gegenstand ist, depossediert den Augenblick, despontaneisiert ihn. Was das bedeutet, weiß der spezifisch moderne, aber noch nicht loslassende Mensch: der Unpräsente gewahrt keine Präsenz[2].

Grund der Engführung des Gottesverhältnisses und damit der Gottesfinsternis ist somit das, was *Karl Rahner* im Anschluß an *Descartes* und *Kant* die apriorische „Selbstgegebenheit" des erkennenden Subjekts nannte und die im Sinn dieser Tradition im reflektierenden Akt ausdrücklich gemacht werden muß, wenn vollgültige Erkenntnis zustande kommen soll[3]. Für Buber, der sich hier erneut mit *Guardinis* Neuzeitkritik berührt, führt von da aus aber kein Weg ins Gottesgeheimnis, da es dazu jener selbstvergessenen Hingabe bedürfte, der sich das reflektierende Ich gerade verweigert. Deshalb plädierte er in der Frage nach der fundamentalen Vergewisserung gegen das kartesianische ‚Cogito-sum' für die im Dialog erfahrene Seinsgewißheit. Da die Reflexion erst spät zum philosophischen Prinzip erhoben wurde und überdies von *Descartes* in dieser Frage eine deutliche Linie zu *Augustinus* zurückführt, blieb er bei dieser ersten Erklärung nicht stehen. Eine zweite und radikalere gibt er an der Stelle in ‚Gog und Magog', die das Motiv der Gottesfinsternis erstmals in aller Form zur Sprache bringt. Dort legt er dem ‚Juden' das – bereits in früherem

---

[2] A. a. O., 149 f.

[3] *Rahner,* Grundkurs des Glaubens. Einführung in den Begriff des Christentums, Freiburg/Br. 1976, 28–32.

Zusammenhang ausführlicher mitgeteilte – Bekenntnis in den Mund:

> Die Zeiten der großen Probe sind die der Gottesfinsternis. Wie wenn die Sonne sich verfinstert, und wüßte man nicht, daß sie da ist, würde man meinen, es gäbe sie nicht mehr, so ist es in solchen Zeiten. Das Antlitz Gottes ist uns verstellt, und es ist, als müßte die Welt erkalten, der es nicht mehr leuchtet. Aber die Wahrheit ist, daß gerade erst dann die große Umkehr möglich wird, die Gott von uns erwartet, damit die Erlösung, die er uns zudenkt, unsre eigne Erlösung werde[4].

Im Unterschied zm großen Pathos dieser Worte schiebt Buber die wiederum den „Juden" in den Mund gelegte Begründung mit nachgerade lässiger Gebärde nach:

> Man muß es den Menschen nachsehen, daß sie sich Bilder mit prächtigem und gutmütigem Gesicht ausschnitzen und sie an Gottes Stelle setzen, da es doch so grausam schwer ist, in seiner Gegenwart zu leben. Ja, wir dürfen, wenn wir sie zu Gott führen wollen, nicht einfach ihre Götzen zu Boden werfen, sondern müssen in jedem Bild zu erkennen suchen, welche göttliche Eigenschaft trotz allem der hatte darstellen wollen, der es gemeißelt hatte, und ihm dann sorgsam und vorsichtig helfen, den Weg zu ihr zu finden. Wir sind ja nicht für die Reiche bestellt, in denen die lautere Heiligkeit wohnt, sondern für das Unheilige, seiner zu pflegen, daß es sein Heil finde[5].

Der Ernst, der sich hinter dem scheinbar leichthin Gesagten verbirgt, wird spürbar, wenn man sich den Kerngedanken von Bubers Bildverständnis vergegenwärtigt. Es besteht, wie erinnerlich, in der Ambivalenz alles Bildhaften. Bilder klären nicht nur; sie verdecken auch; und sie verhüllen, indem sie veranschaulichen. Wie aber bereits wiederholt anklang, besteht darin nicht nur das Zentralmotiv von Bubers Bildverständnis, sondern auch die Achse seiner Christentumskritik. Denn seine Auseinandersetzung mit der christlichen Glaubensweise erreicht, im Gesamtkontext gesehen, ihren Höhepunkt, wenn er erklärt:

> Zugleich bildlos und bildhaft ist der Gott des Christen, jedoch bildlos mehr in der religiösen Idee, bildhaft mehr in der gelebten Gegenwart. Das Bild verdeckt den Bildlosen[6].

---

[4] Dazu nochmals die S. 57f angeführte Stelle; über den ganzen Komplex der Vorstufen informiert *Schütz* in seiner Monographie ‚Verborgenheit Gottes', 256f.

[5] *Buber*, Gog und Magog, 152.

[6] *Buber*, Zwei Glaubensweisen, 134.

Die Schlußfolgerung aus dieser These drängt sich geradezu auf: Letzter Grund der Gottesfinsternis ist der dem Bild verpflichtete Christenglaube. Im Grunde war das bereits mit der ersten „Erklärung", die auf die Reflexivität des neuzeitlichen Bewußtseins verwies, mitgesagt. Von dem Begründer der neuzeitlichen Denkweise führt nicht nur eine Linie über *Augustinus* zu *Paulus*; vielmehr hängt die als narzißtische Selbstbespiegelung begriffene Reflexion auch inhaltlich mit dem Bilddenken zusammen. Denn zur Doppelnatur der Bilder gehört eben auch, daß sie mitunter wie Spiegel wirken, die mehr noch über ihren Betrachter sagen als über das, was er durch sie zu sehen bekommt. Insofern schloß die Kritik der Reflexivität bereits die der bildbezogenen Glaubensweise ein. Doch Buber zieht die Folgerung auch in aller Ausdrücklichkeit, wenn er das Christentum, insbesondere in seiner paulinischen Prägung, mit der von ihm diagnostizierten Verfinsterung des Himmelslichtes in Zusammenhang bringt. Für das Auge des gegenwärtigen, vornehmlich durch Paulus geprägten Zeitalters gibt es nur noch ein Zweifaches: entweder das Bild des „von der Glorie des Heilands überspannten Abgrunds" oder das des „gleichen Abgrunds, den nun aber nichts als die undurchdringliche Finsternis deckt" [7]. Es sind die in der christlichen Theologie unserer Zeit vorherrschenden „paulinischen Tendenzen", die im Grund mit einem „Paulinismus ohne Christus", ja sogar gegen Paulus darauf hinwirkten, daß diese Zeit zur „Stunde der Gottesfinsternis" geworden ist [8]. Wie ist das zu verstehen? Wie kommt es insbesondere zu dieser auffälligen Polarisierung von Christentum und Paulinismus? Diese Fragen stoßen zum Kern von Bubers ebenso radikaler wie unpolemischer „Unterscheidung der Geister" vor.

2.
Die Rückholung Jesu

Nach eigenem Bekunden hat Buber die unter dem Titel ‚Zwei Glaubensweisen' publizierte „Revision" des Christentums während der „sogenannten Belagerung" Jerusalems „ohne Vorsatz, rein auftragspflichtig", in Angriff genommen; und er fügt hinzu,

---

[7] A. a. O., 166.
[8] A. a. O., 170; 173 f.

daß ihm diese Arbeit geholfen habe, den für ihn persönlich schwersten der drei Kriege, die in seine Lebenszeit einfielen, „im Glauben zu überstehen“[9]. Es war somit weniger ein Werk der Auseinandersetzung als vielmehr der Identitätsbewahrung. Und daraus dürfte sich weithin der von vornehmer Sachlichkeit getragene, völlig unpolemische Ton der Abhandlung erklären, der es freilich auch mit sich brachte, daß sie in ihrem vom Titel signalisierten Charakter bis zur Stunde kaum wahrgenommen wurde. Denn von ihrer Argumentation her hat die Schrift ‚Zwei Glaubensweisen‘ als die härteste Infragestellung zu gelten, die das Christentum in diesem Jahrhundert erfahren hat, hart vor allem deshalb, weil Buber es nicht etwa, wie sonst üblich, als eine kollektive Projektion oder Illusion abzutun suchte, sondern ihm vorwarf, zu einer abkünftigen und, gemessen an der jüdischen, inferioren Glaubensweise herabgesunken zu sein[10]. Wesentlicher noch dürfte sich der versöhnliche Ton aus dem Zentralinteresse der Abhandlung erklären. Und das besteht weniger in der Abgrenzung von der christlichen Glaubensweise als vielmehr in der Zurückholung der Gestalt Jesu und ihrer Zuordnung zu der großen Reihe der jüdischen Propheten. Danach ist Jesus zwar durchaus auch Reformator, der sich gegen Fehlentwicklungen wendet und die an Israel ergangene Offenbarung in eine neue und hellere Beleuchtung setzt; doch ist er es nur im Sinn der mit jeder prophetischen Sendung verbundenen Reform, nicht jedoch im Sinn einer „Abzweigung“, die auf die Stiftung einer neuen und vom Judentum verschiedenen Religion hinausliefe. Auf programmatische Weise sagt das bereits die Stelle des Vorworts, die mit großem Bedacht der Untersuchung vorangestellt ist:

Jesus habe ich von Jugend auf als meinen großen Bruder empfunden. Daß die Christenheit ihn als Gott und Erlöser angesehen hat und ansieht, ist mir immer als eine Tatsache von höchstem Ernst erschienen, die ich um seinet- und um meinetwillen zu begreifen suchen muß ... Mein eigenes brüderlich aufgeschlossenes Verhältnis zu ihm ist immer stärker und

---

[9] So die Schlußbemerkung des Vorworts ‚Zwei Glaubensweisen‘, 14.

[10] Auch *Balthasars* Schrift ‚Einsame Zwiesprache‘ (Köln und Olten 1958), die sich im Untertitel ausdrücklich auf das Verhältnis Bubers zum Christentum bezieht, leistet die notwendige Erwiderung nur partiell; unter dem verheißungsvollen Titel ‚Zwei Glaubensweisen‘ ging *Balthasars* Hochland-Aufsatz (von 1967) nur noch in Form einer (auf innerchristliche Spannungen bezogenen) Anspielung auf Bubers Herausforderung ein.

reiner geworden, und ich sehe ihn heute mit stärkerem und reinerem Blick als je[11].

Daß Buber Jesus immer schon im Blick hatte, bestätigt seine ganz selbstverständliche Nennung schon in den Frühschriften, von denen die in ‚Zwiesprache' herausgehoben zu werden verdient. Sie erfolgt in einem, wie Buber sich ausdrückt, „abgebrochenen Gespräch" mit einem Christen, zudem einem ehemaligen Geistlichen, dem er widersprechen zu müssen glaubte:

> Ich weiß nicht mehr, auf welchem Weg ich dabei auf Jesus zu sprechen kam und darauf, daß wir Juden ihn von innen her auf eine Weise kennten, eben in den Antrieben und Regungen seines Judenwesens, die den ihm untergebenen Völkern unzugänglich bleibe. ‚Auf eine Weise, die Ihnen unzugänglich bleibt' – so sprach ich den früheren Pfarrer unmittelbar an. Er stand auf, auch ich stand, wir sahen einander ins Herz der Augen. ‚Es ist versunken', sagte er, und wir gaben einander vor allen den Bruderkuß[12].

Wie aber stellt sich die Gestalt Jesu dem klareren Blick der späten Jahre dar? Die Antwort kann nur lauten: als die paradigmatische Verkörperung des Glaubens! Nicht umsonst beginnt die Gestaltzeichnung in ‚Zwei Glaubensweisen' mit der von Markus überlieferten Wechselrede zwischen Jesus und dem Vater des besessenen Knaben, der ihn, von der Hilflosigkeit der Jünger enttäuscht, auf seine Vollmacht hin anspricht. Mit seiner Antwort sieht sich Jesus – so der authentische Wortlaut der Stelle – nach seinem eigenen Glauben befragt; deshalb erwidert er dem Bittsteller: „alles ist dem Glaubenden möglich" (9,23). Für Buber ergibt sich hier ein unmittelbarer Einblick in das Wesen des Glaubens, sofern man die Replik Jesu nur zusammenhört mit dem alttestamentlichen Wort, wonach „bei Gott" alles möglich ist. Freilich tut sich zwischen diesen beiden Aussagen ein Abgrund auf. Aus ihm erhebt sich der Aufschrei des verzweifelten Mannes, der einem ‚De profundis' gleichkommt: „Ich glaube, hilf meinem Unglauben!" (9,24). In diesem Aufschrei rührt er an das Herz Gottes. Nun hat er zwar nicht „die Macht Gottes", „wohl aber hat die Macht ihn"[13]. In dieser „Ermächtigung" besteht der innere Vorgang des Glaubens.

Für den weiteren Verlauf des Gedankengangs aber ist es kenn-

---

[11] *Buber*, a.a.O., 11.
[12] *Buber*, Zwiesprache, in: Werke I, 178.
[13] A.a.O., 19.

zeichnend, daß Buber diese Auslegung über die Verwerfung einer Fehlinterpretation gewinnt, die aus der Antwort Jesu die Bekundung seiner Gewißheit heraushören möchte, daß er die Heilstat vollbringen könne. Das aber sei „ein offenkundiger Widersinn", da hier das „Vermögen" des Glaubens nicht aus der Macht Gottes, sondern aus der inneren Gewißheit des Glaubenden hergeleitet werde. Glaube aber ist, wie er sich in dieser Szene darstellt, Zuflucht zur Macht Gottes und gerade nicht eine Form der Bewußtseinssteigerung.

Wie schon von dieser Szene her anzunehmen ist, gewinnt die sich daran anschließende Darstellung Jesu den Charakter einer Glaubensgeschichte. Da aber Jesus in den von Buber durchschrittenen ‚Stationen des Glaubens' an letzter Stelle aufscheint, so daß ihm in dieser Abfolge die Schlußposition zukommt, muß seine „Glaubensgeschichte" auch rückbezüglich, als Auskunft über den Glauben selbst, gelesen werden. Es gehört zweifellos zu den spannendsten Aufgaben einer Buber-Interpretation zu prüfen, ob sich darin lediglich die bekannten Strukturen des Glaubens Israels spiegeln, oder ob in diesem Medium darüber hinaus auch neue Momente zutage treten. Dabei darf freilich nicht übersehen werden, daß Bubers eigener Blick in die Gegenrichtung geht. Nicht umsonst fügt er seinem Bekenntnis eines brüderlichen Verhältnisses zu Jesus die wichtige Zusatzbemerkung an:

> Gewisser als je ist es mir, daß ihm ein großer Platz in der Glaubensgeschichte Israels zukommt und daß dieser Platz durch keine der üblichen Kategorien umschrieben werden kann [14].

Demzufolge konzentriert sich seine Ausarbeitung thematisch auf die Differenzpunkte, die sich zwischen dem Glauben Jesu und der „an ihn" glaubenden Christenheit nachweisen lassen. Schon beim ersten Schritt wird dies deutlich. Unmöglich kann Jesus bei seinem ersten Auftreten bereits gefordert haben: „Kehrt um und glaubt an die Botschaft" (Mk 1, 15), da in diesem Augenblick von der „Botschaft" ja noch nicht die Rede sein kann. Doch warnt Buber, bezeichnend für die Sorgfalt seines Vorgehens, im gleichen Atemzug davor, mit dem Objekt zusammen auch das Verb fallen zu lassen; denn die Aufforderung „Kehrt um und vertraut!" klinge nicht nur völlig echt; vielmehr gewinne der Spruch so eine eigen-

---

[14] A. a. O., 11.

tümliche, auf keine andere Weise zu erreichende Wucht [15]. Der Glaube Jesu, wie er sich in dieser fundamentalen Aussage abzeichnet, ist somit nach Bubers Deutung nicht inhaltsbezogen, kein Glaube an einen Satz oder ein Mysterium, sondern jene vertrauende Selbstübereignung an Gott, zu der dessen offenbarender Zuspruch auffordert und zu der sich der Mensch im Akt der „Umkehr" bereitfindet.

Bewegt sich Jesus hier nach Bubers Deutung ganz auf der Linie des jüdischen Emuna-Glaubens, so führt schon der nächste Schritt darüber hinaus. Und dazu kommt Buber, indem er Jesus noch tiefer in die prophetische Tradition zurücknimmt als bisher. Der Glaubende, so hieß es eingangs, „beschleunigt" nicht; er „wirkt im Tempo Gottes" [16]. Daß er die Macht Gottes an sich erfährt, hat seine Ohnmacht zur Voraussetzung. Der Anschein seiner Ohnmacht aber ist „das Gewand seines Anteils" an der Macht Gottes und ihrem Tempo:

> Wie er selber dies zuweilen erst spät erkennt, hat der namenlose nachgeborene Schüler Jesajas in dem Bild von dem im Köcher versteckt gelassenen Pfeil und seinem späteren Selbstverständnis (Jes 49, 2 f) dargestellt [17].

Zu einer menschlichen Glaubensgeschichte, insbesondere der eines von Gott Erwählten, gehören somit auch „Einbrüche" und Stunden der Erschütterung, wie sie Jesus dann in letzter Radikalität in der Not seiner Kreuzesverlassenheit erlebt. Sie hat ein beziehungsvolles Vorspiel in der unterschiedlich und in beiden Traditionen wohl nur fragmentarisch überlieferten Szene der Jüngerbefragung (Mk 8, 27 ff), die nach Bubers Gefühl „den Kern einer echten Tradition über ein Gespräch" enthält, „das einst ‚unterwegs' stattfand". Nur muß die pädagogische Stilisierung der synoptischen Berichte auf den „äußersten Ernst" des Vorgangs durchschaut werden, um den es sich tatsächlich handelt [18]. Dann besagt die Szene:

> Ein Lehrmeister, für dessen Lehre alles auf ihr Getragenwerden von seiner Person ... ankommt, wird vor der geahnten Wegscheide seines Schick-

[15] A. a. O., 22 f.
[16] A. a. O., 20 f.
[17] A. a. O., 21. Wie wichtig das Motiv für *Buber* ist, ergibt sich schon daraus, daß er in einem für die Gestaltzeichnung Jesu besonders wichtigen Zusammenhang später nochmals darauf als eine Art Schlüsselstelle zurückkommt (a. a. O., 108 f).
[18] A. a. O., 29.

sals und schicksäligen Werkes von einer Unsicherheit angewandelt, ‚wer' er sei … An wen sonst aber soll ein Lehrmeister, der nicht bloß keinen Lehrmeister mehr, sondern offenbar auch keinen um ihn wissenden Freund hat, die Frage richten als an seine Schüler? Wenn irgendein Mensch, sind sie es, die ihm antworten können; denn sie haben in dem einzigartigen Kontakt, den solch eine Lehrbeziehung herstellt, die Erfahrung gewonnen, aus der die Antwort geschöpft werden kann [19].

In diesem Ernst wird die Szene erst ersichtlich, wenn sie mit der johanneischen Parallelstelle zusammen gesehen wird, die im Epilog der Brotrede von dem Massenabfall berichtet, mit dem die Anhängerschaft Jesu auf die zugleich klarste und radikalste Verdeutlichung seiner Botschaft antwortet. Doch während Bubers Blick auf die sich in diesen Überlieferungen verzweigenden Glaubensformen gerichtet ist, kommt es für das Verständnis des Glaubens selbst auf das hier wir dort Gemeinsame an. Und das besteht in dem Zusammenhang von Glaube und Identitätsfindung. Am Beispiel Jesu kommt unter den außergewöhnlichen Bedingungen seines Lebens das zum Vorschein, was offensichtlich zum Glauben als solchem gehört: die Weckung des personalen Selbstbewußtseins! Wer glaubt, weiß wesentlicher als jeder andere, auch der philosophisch Reflektierende, „wer" er ist, auch wenn er die Antwort wie der in seinem Selbstbewußtsein erschütterte Fragesteller Jesus nicht aus sich selber schöpft, sondern durch Freundesmund gesagt bekommt. Denn das besagt das Petruswort, sofern die divergierenden Überlieferungen nur auf ihren gemeinsamen Grundbestand zurückgeführt werden [20].

Auch eine weitere Qualität des Glaubens bringt Buber, im Grunde gegen seine unmittelbare Intention, zum Vorschein, indem er auf dem historischen Kern einer von der kritischen Forschung als legendarisch angesehenen Szene besteht. Es handelt sich um den Anfang der johanneischen Nikodemusperikope, die er sogar mit „einzelnen Exegeten" als Gegenstück zu der synoptischen Geschichte von der gescheiterten Jüngerberufung, der Perikope vom ‚Reichen Jüngling' (Mk 10, 17–27) anzusehen neigt [21]. Im Hintergrund seiner Deutung steht die – als Appell an die christliche Theologie zu wertende – Überzeugung, daß ein zulängliches Verständnis von „Glauben" erst mit der Einbeziehung des

---

[19] A. a. O., 30f.

[20] Näheres dazu in meiner Schrift ‚Jesus für Christen', Freiburg/Br. 1984, 60ff.

[21] A. a. O., 119; 128.

Motivs der Gotteskindschaft zu gewinnen ist[22]. Freilich steht bei ihm auch diese Motivwahl im Zusammenhang mit seiner Tendenz, Jesus auf die jüdische Glaubenswelt zurückzunehmen, näherhin auf die Lehre von der (nach Hos 2, 1) „den wahren Söhnen Israels verheißenen Gottessohnschaft"[23]. Was Jesus dem nächtlichen Fragesteller zu sagen hat, sei eine Auskunft über seine eigene Glaubenserfahrung und das in ihr mitgegebene Glück, ein Sohn Gottes zu werden: „von ihm neuerschaffen, von ihm gezeugt". Das aber sei gleichbedeutend mit dem Zuspruch: „laß dich vom Geiste Gottes finden und du wirst dich ihm überlassen dürfen"[24]. Deshalb besteht Buber auch darauf, daß das Schlüsselwort der Perikope (anôthen) nicht mit „von neuem geboren", sondern mit „von oben erzeugt" übersetzt werden müsse[25].

In einen Selbstwiderspruch gerät Buber freilich, wenn er sich in dieser Ansicht durch das Kommentarwort *Adolf Schlatters* bestätigt sieht:

> Das Erzeugte besitzt das, was der Erzeuger ist. Er überträgt seine Art auf das von ihm Gemachte[26].

Denn gleichviel, ob man diesen Gedanken mit „Neuschöpfung" oder „Wiedergeburt" verdeutlicht, ist mit ihm in aller Klarheit gesagt, daß er einen Vorgang zum Ausdruck bringt, durch den die natürliche Beschaffenheit des Menschen von jenem einzigartigen Hulderweis überholt wird, der in einer Selbstmitteilung Gottes an ihn besteht. Unbeschadet dessen, was er „von Natur aus" ist, zieht Gott ihn in ein neues Verhältnis zu sich, das einer „Übertragung" seiner Göttlichkeit an ihn gleichkommt. Das kreatürliche Verhältnis zu ihm wird in ein genealogisches aufgehoben. Doch dafür gibt es im weiten Feld des Religiösen keine Analogie. Wenn das der Sinn der Antwort Jesu an Nikodemus ist, dann nur unter der Voraussetzung, daß durch ihn eine neue Dimension des Glaubens eröffnet wurde. Das aber ist ein Glaube, der nicht nur auf exemplarische, sondern ursächliche Weise mit Jesus zu tun hat. Es

---

[22] Es gehört tatsächlich zu den bedenklichsten Symptomen der Gegenwartstheologie, daß sie dieses Motiv ebenso wie das komplementäre der göttlichen Vorsehung vernachlässigte, während ihm noch *Nikolaus von Kues* eine eigene Abhandlung (von 1454) widmete.

[23] A. a. O., 128.

[24] Ebd.

[25] A. a. O., 121.

[26] A. a. O., 127.

ist der Glaube, dem er durch seine Lebensleistung Bahn brach. Es ist eine Glaubensform, durch die der Glaubende in das hineingenommen wird, was Jesus auf ursprüngliche Weise ist. Wie aber hätte die christliche Verkündigung davon anders als mit dem Begriff der „Neuschöpfung" (2 Kor 5, 17) sprechen können? So gesehen fällt zwischen der Aufforderung „Liebt eure Feinde, damit ihr Söhne eures himmlischen Vaters seid" (Mt 5, 45) und dem Satz des Johannesprologs „Allen, aber, die ihn aufnahmen, gab er Vollmacht, Kinder Gottes zu werden" (Joh 1, 12) keineswegs eine Tür zu, die sich nur dem öffnet, der in Jesus „die Tür" (Joh 10, 9) und „den Weg" (14, 6) erblickt[27]. Denn diese Tür steht allen offen; und auf diesen Weg sind alle gewiesen, insbesondere aber jene, denen Jesus als Höhepunkt ihrer eigenen Glaubensgeschichte gilt.

Eine unwillkürliche Bestätigung dessen bietet die von Buber einfühlsam gedeutete Schlußszene, in der die Gestalt Jesu seinem zurückholenden Zugriff fast unmerklich entgleitet. Gemeint ist die Perikope von der Überwindung des Zweiflers Thomas, mit der das Johannesevangelium, von seiner ursprünglichen Komposition her gesehen, seinen „Ziel- und Schlußpunkt" erreicht[28]. Die Überwindung geschieht durch den Zusammenbruch der einen Glaubensweise und die mit ihm einhergehende Geburt der andern. Denn die Erfahrung des Thomas sprengt den Horizont der jüdischen Glaubenswelt, in der die Auferstehung eines einzelnen nicht vorkommt. Daß sie nun trotzdem erfahren wird, heißt für den Zweifler, daß ihm in der Gestalt des Auferstandenen nicht nur der Meister entgegentritt, der ihm vordem den Weg zu Gott gewiesen hatte, sondern das Ziel dieses Weges, Gott selbst[29]. Deshalb kommt ihm das erste an Jesus gerichtete Gebet über die Lippen: „Mein Herr und mein Gott!" (Joh 20, 28) und das heißt für Buber: „Unter allen Jüngern Jesu ist er der erste Christ im Sinne des christlichen Dogmas."[30]

Damit ist in der Gesamtableitung die Stelle erreicht, an der die beiden Glaubenswege definitiv auseinanderdriften. Buber markiert den Bruch mit höchstem Nachdruck. Der bildlose Gott des Judentums, der in seiner Zuwendung stets die Freiheit der Selbst-

---

[27] A. a. O., 128 f.
[28] A. a. O., 129 ff.
[29] A. a. O., 130.
[30] A. a. O., 131.

verhüllung behielt, hat nun ein dem Menschen zugewandtes Gesicht: das Antlitz des Auferstandenen. Darauf ist der Blick des Christen gerichtet, wenn er sich zu Gott erhebt; dieses Antlitz spricht er an, wenn er betet. An die Stelle der Unmittelbarkeit, zu der das „Paradox der Emuna" verhalf, tritt eine neue, vermittelte, die durch das mystische Eingehen in den Mittler erreicht wird[31]. So steht der Zweifler Thomas am Anfang eines Wegs, den in der Folge diejenigen beschreiten, die in Jesus ihre Sonne, ihren Erlöser und Herrn gefunden haben und eher noch vom „Zweifel an der Gottheit Gottes" als an seiner Gottheit angefochten werden:

> Nur eben: jenes erste Paradox, das der Unmittelbarkeit zum bildlos Daseienden, sich Verbergenden und Wiedererscheinenden, der das Offenbare schenkt und das Verborgene vorenthält (Dt 29,28), ist preisgegeben[32].

Angesichts dieser scharfgezogenen Trennungslinie muß es um so stärker auffallen, daß jeder Versuch einer sachlichen Entkräftigung unterbleibt. Weder bezeichnet Buber diesen christlichen Ausgang der Lebensgeschichte Jesu als Fehlinterpretation noch deutet er an, daß es sich dabei um eine spätere Sekundärbildung handelt. Damit ist freilich nicht gesagt, daß er die Szene für ebenso historisch hält wie die zuvor erörterten. Wohl aber entsteht der Eindruck, daß er hier seinen Vorsatz auszuführen sucht, den christlichen Glauben an die Gottheit Jesu, der ihm stets als eine „Tatsache von höchstem Ernst" erschienen sei, von den Texten her verstehen zu lernen[33]. Das aber könnte mit dem stillschweigenden Eingeständnis einhergehen, daß er die Gestalt Jesu, so sehr er sie zunächst in die Glaubensgeschichte Israels zurückzunehmen suchte, schließlich doch dort stehen läßt, wo sie ihren Platz in der Glaubensgeschichte der Menschheit gefunden hat: am Ausgangspunkt des Christentums!

---

[31] A.a.O., 134f.
[32] Ebd.
[33] Dazu nochmals die grundsätzliche Aussage des Vorworts (a.a.O., 7f).

3.
Die Pauluskritik

Bubers Kritik der christlichen Glaubensweise verläuft auf zwei Bahnen, je nachdem, ob er ihre paulinische oder ihre johanneische Begründung ins Auge faßt. Und zweifach ist auch der Vorwurf, in den sie jeweils ausmündet. Der johanneischen Begründung hält er vor, um das Geheimnis der Gottheit eine Mauer gezogen zu haben, die nur noch durch die eine Tür durchschritten werden kann[34]. Und er unterbaut diesen Vorwurf durch die Schattenbeschwörung der *Kafka*-Parabel ‚Vor dem Gesetz', die durch die Figur des unglücklichen Mannes vom Lande verdeutlicht, was eine derartige Tür bewirken kann: das lebenslange Unvermögen, durch sie auch wirklich einzutreten[35]. Ungleich härter klingt sein Urteil über die paulinische Begründung; denn für Buber hängt die über die Gegenwart hereingebrochene Gottesfinsternis damit zusammen, daß sie als eine ausgesprochen paulinische Weltstunde zu gelten hat und bis in ihren antichristlichen Widerspruch hinein vom Geist des Paulinismus bestimmt ist[36]. Um so mehr muß den Wegen seiner Pauluskritik nachgegangen werden.

Wer sich im Sinne Bubers auf die Auseinandersetzung mit Paulus einläßt, betritt ein schwieriges Gelände der glaubensgeschichtlichen Entwicklung. Auf der einen Seite fühlt er sich im Umgang mit Paulus „auf einen Felsgrat entrückt", auf der andern Seite aber auch, vom „Hochplateau" der ursprünglichen Glaubenshaltung her kommend in eine „Talsenkung versetzt"[37]. Mit Paulus geht es somit, drastischer ausgedrückt, in glaubensgeschichtlicher Hinsicht bergab. Denn während der Glaube der Propheten eine schwebende Mitte „zwischen den Gottesattributen der Strenge und des Erbarmens" hält, wandelt sich bei Paulus alles zu einer „äußersten Realparadoxie", durch welche Gott genötigt ist, sich „durch die Hingabe seines Sohnes ... vom Verhängnis seiner Gerechtigkeit" zu erlösen, um sich der Welt erbarmen zu können[38]. Diese innergöttliche Dialektik überträgt sich nun mit voller Wucht auf das Verhältnis Gottes zur Welt. Das von ihm verfügte Gesetz ist, ge-

---

[34] A.a.O., 165.
[35] A.a.O., 169.
[36] A.a.O., 173f.
[37] A.a.O., 46.
[38] Ebd.

nauer besehen, nicht erfüllbar und als permanente Überforderung des Menschen letzter Grund dafür, daß Gottes Zorn – dieser „Urzorn des Schöpfers", der nichts Väterliches mehr an sich hat – gegen die Welt entbrennt[39]. Und doch entsteht so nur die dunkle Kulisse, deren es bedarf, damit die durch Christus heraufgeführte Rettung um so heller in Erscheinung treten kann. Nur mit sichtlichem Befremden registriert Buber diese paulinische „Abzweigung":

> Wenn ich diesen Gott ins Auge fasse, erkenne ich den Jesu nicht wieder, in dieser Welt nicht die seine. Für Jesus, dem es um die einzelne Menschenseele und um jede einzelne Menschenseele ging ..., war jeder von ihnen, wenn sie sich verlaufen hatte, die Umkehr gewährt, und jede von ihnen, wenn sie umkehrte, war der heimgekehrte verlorene Sohn ... In dem Gottesbild des Paulus ist, wo es um die Seelengeneration Israels zwischen Moses und Jesus geht, dieser Zug durch einen andern, alles ändernden, verdrängt. Ich unterfange mich nicht, ihn zu benennen[40].

Wenn Buber im unmittelbaren Anschluß daran jedoch an die „List" der Hegelschen Weltvernunft erinnert, besteht kein Zweifel, in welch fataler Nachbarschaft er die paulinische Heilslehre erblickt:

> Es ist der in sich verzahnte Weltablauf, der als objektiver ‚Zorn' den Menschen zermalmt, bis Gott durch seinen Sohn die Erwählten aus der Maschinerie herausholen läßt[41].

Und doch liegt der Schwerpunkt der Kritik nicht so sehr auf der Vorstellung von den dialektisch verschlungenen Heilswegen als vielmehr auf der von der exklusiven Heilsvermittlung. Nicht umsonst bezieht sich Buber wiederholt auf das Schlüsselwort der paulinischen Glaubenstheorie, das dem, der Jesus als den Herrn bekennt und der in seinem Herzen glaubt, daß Gott ihn von den Toten erweckt hat, Rettung und Heil zusichert (Rom 10,9)[42]. Einer Sinnverfälschung komme es schon gleich, wenn Paulus diesen Glauben auf das Wort begründet, das weder vom Himmel herabgeholt noch aus dem Abgrund heraufgeführt zu werden braucht, weil es (nach Dt 30,14) dem Menschen immer schon nahe ist, in seinem Herzen und in seinem Munde (Röm 10,6ff), da sich diese

---

[39] A.a.O., 53; 143.
[40] A.a.O., 90f.
[41] A.a.O., 144.
[42] A.a.O., 50f; 93f.

Stelle gerade nicht auf die göttliche Selbstoffenbarung, sondern auf das Gesetzeswort beziehe[43]. Den vollen Kontrast zur Glaubenshaltung Jesu aber sucht er mit der Feststellung aufzureißen:

Jesus fragt wohl danach, für wen er gehalten werde, aber er verlangt nicht, daß man ihn für irgendwen halte. Für Paulus ist eben dies, daß man Jesus mit aller Kraft des Glaubens als den anerkenne, als den er ihn verkündigt, die Pforte zum Heil[44].

Mit dieser Ausschließlichkeit ist für Buber aber dann auch der Zwang zur fixierenden Um- und Festschreibung gegeben. Im Unterschied zum inhaltlich offenen Emuna-Glauben neigt die paulinische Glaubensform dazu, satzhaft umschrieben und festgelegt zu werden. Damit entfernt sie sich aber nicht nur vom jüdischen Wurzelgrund; vielmehr führt sie auch vom ursprünglichen „Hochplateau" zur „Talsenkung" der Inferiorität hinab. Als Satz-Glaube, der sich vornehmlich in Daß-Sätzen artikuliert, ist der christliche Glaube, verglichen mit dem jüdischen, auf die Stufe einer abkünftigen, im Grunde sogar sekundären Glaubensform abgesunken. Und dem braucht kaum hinzugefügt zu werden, daß diese Kritik die christliche Glaubensposition ungleich schwerer trifft als Vorwürfe, die sie als Irrtum oder Illusion abzutun suchen. Trotz ihrer moderaten Sprache hat Bubers Kritik somit als der schwerste Angriff zu gelten, dem sich der Christenglaube in diesem Jahrhundert ausgesetzt sah. Und nur aus der Verbindlichkeit der Diktion erklärt es sich, daß er in dieser Radikalität bisher kaum wahrgenommen wurde.

Im Kontext der Pauluskritik wird schließlich klar, daß es in der ganzen Auseinandersetzung letztlich um die Frage des sachgerechten Offenbarungsverständnisses geht. Nach jüdischem Verständnis ist Offenbarung immer nur die temporäre Aufhebung der grundsätzlichen Verborgenheit des bildlosen Gottes, während dieser Gott nach paulinischer Überzeugung in seinem Sohn unwiderruflich ein – der Menschheit zugewandtes – Menschenantlitz angenommen hat. Deshalb kann im Antlitz des Auferstandenen (nach 2 Kor 4, 6) die Herrlichkeit Gottes wahrgenommen werden. So ist Christus (nach Kol 1, 15) das „Bild des unsichtbaren Gottes" und als solches der leibhaftige Widerruf der göttlichen Unsicht-

---

[43] A. a. O., 51.
[44] A. a. O., 98.

barkeit. Und das ist gleichbedeutend mit dem von Buber zurückgewiesenen Gedanken *Bultmanns*, daß Gott für diesen Glauben definitiv und unwiderruflich zu einem „Gott der Nähe" geworden ist[45]. Von hier führt schon ein einziger Schritt zur Einsicht in die zentrale Differenz. Während der Gott der prophetischen Tradition, die Buber gegen die christliche verteidigt, auch in der Stunde seines erbarmenden Selbsterweises die Freiheit behält, sich aus dem Lichtkreis seiner Nähe in das Dunkel seiner Verborgenheit zurückzuziehen, hat er sich nach christlicher Überzeugung aus freier Selbstentschließung dieser Freiheit begeben, so daß er als der unwiderruflich Nahe und Liebende geglaubt, verherrlicht und wiedergeliebt werden kann. Und das erlaubt den Rückschluß auf die zentrale Lebensleistung Jesu, die nach paulinischem Verständnis darin bestand, daß er den Schatten des Schrecklichen aus dem Bild Gottes tilgte und darin das Antlitz des bedingungslos liebenden Vaters zum Vorschein brachte. Auch in diesem Sinn sind die göttlichen Gnadenerweise für Paulus „unwiderruflich" (Röm 11,29), so unwiderruflich wie die mit Christus angebrochene Heilszeit, von der er erklärt: „Jetzt ist sie da, die Zeit der Gnade; jetzt ist er da, der Tag des Heils!" (2 Kor 6,2)

Indessen überrascht Buber auch in der Auseinandersetzung mit seinem Hauptgegner Paulus mit Aufschlüssen, die auf einen außergewöhnlichen Grad der Einfühlung schließen lassen. Sie betreffen zum einen die von der christlichen Paulusforschung kaum erörterte Frage der „vordamaskischen" Denkweise des Apostels und zum andern die des Bezugspunkts seiner Anthropologie. Für Buber hat das Damaskuserlebnis – der an Jesus bei der Taufe ergehenden Himmelsstimme vergleichbar – die Qualität einer Antwort, die sich auf eine den „vorchristlichen" Paulus umtreibende Frage bezieht[46]. Es ist nach Bubers Überzeugung die von der Esra-Apokalypse gestellte und an Gott gerichtete Frage, warum er denn mit seiner Offenbarung zusammen Israel nicht auch das dafür ansprechbare Herz gegeben habe, so daß es auf ihn hören und so dem drohenden Strafgericht entgehen konnte. In das offene Gefäß dieser Frage fällt nach Buberschem Verständnis das Damaskus-Erleb-

---

45 A.a.O., 140.

46 A.a.O., 149f; daß auch der paulinische Hymnus auf die Liebe Rückschlüsse auf das „vorpaulinische" Bewußtsein des Apostels erlaubt, versucht meine Schrift ‚Paulus für Christen' (Freiburg/Br. 1985, 163f) glaubhaft zu machen.

nis hinein, das Paulus in die Aussage faßt, daß ihm in jener Stunde das Geheimnis des Gottessohnes ins Herz gesprochen worden sei (Gal 1,15f)[47].

Auch das Leitwort der paulinischen Anthropologie – „Ich unseliger Mensch; wer wird mich befreien von diesem todverfallenen Leib?" (Röm 7,24) – versucht Buber gegen die vorherrschende Meinung der christlichen Exegeten so zu deuten, daß es gleichzeitig als Ausdruck existentieller Erschütterung und als Auskunft über die „Vorgeschichte" des Apostels lesbar wird. Und wieder findet er den Schlüssel in dem seelischen Aufruhr, in den Paulus durch die ungelöste Frage der Esra-Apokalypse hineingeraten sei und der in der Frage des Römerbriefs nachklinge, einer Frage, die keinesfalls von einer rhetorisch konstruierten, sondern von seinem realen, um Klärung und Selbstfindung ringenden Ich ausgehe[48]. Indem sich Buber in dieser Frage zur herrschenden Meinung querstellt, gibt er wie kaum ein christlicher Paulusforscher den Blick auf jene „Vorgeschichte" des Apostels frei, in der sich alles anbahnte, was in ihm zur Entscheidung drängte und in seinem Berufungserlebnis die alle menschliche Erwartung sprengende Klärung erfuhr. So zeigt sich auch hier eine überraschende Nähe in der Distanz und die Bestätigung der einzigartigen Fähigkeit Bubers, auch dort, wo er sich zum Widerspruch herausgefordert fühlt, zu bejahen.

4.
Jesus von innen

Im Grunde ist Bubers Pauluskritik nur eine Hilfsstrategie zu dem Ziel, Jesus für die jüdische Glaubensweise in Anspruch zu nehmen und ihm den ihm zukommenden Platz in deren Geschichte zu sichern. Seinen Anspruch darauf hatte er bereits mit der Behauptung in der Frühschrift ‚Zwiesprache' erhoben, daß es nur dem Juden gegeben sei, Jesus „von innen her", aus den „Antrieben und Regungen seines Judenwesens" und damit auf eine Weise kennenzulernen, „die den ihm untergebenen Völkern" – den Christen also – unzugänglich bleibe[49]. Damit formulierte Buber schon zu Beginn der dreißiger Jahre ein Stichwort, das Jahrzehnte

---

[47] Näheres dazu in ‚Paulus für Christen', 76–86.
[48] A.a.O., 150.
[49] Dazu nochmals die Stellenangabe S. 110.

später, im Ringen der christlichen Theologie um ein adäquates Verständnis der Neuentdeckung Jesu im gegenwärtigen Glaubensgeschehen zur Ausarbeitung einer „Christologie von innen" verhelfen sollte [50]. Das aber war eine Sicht der Gestalt und Lebensgeschichte Jesu, die weder – wie die Christologie von oben – vom traditionellen Dogma noch – wie die Christologie von unten – von seinem Sozialverhalten, sondern von eben jener „Innerlichkeit" ausging, die dem programmatischen Buberwort zufolge nur den Juden zugänglich ist. Als er sich in diesem Sinne aussprach, konnte er freilich nicht ahnen, daß die Vertreter der Identitätschristologie seine Grenzziehung dadurch durchbrachen, daß sie bei der Entwicklung ihres Konzepts auf seine Einsichten zurückgriffen [51].

Wenn man sich fragt, auf welchem Weg Buber Zugang zur Innerlichkeit Jesu und damit zu dem gewinnt, was er mit einigem Vorbehalt sein „Selbstbewußtsein" nennt, sieht man sich an jene Stellen verwiesen, in denen er sich mit Jesu Sinn- und Selbstfindung befaßt. Ausgangspunkt ist somit für ihn – genau wie im Fall des Apostels Paulus – das Ichbewußtsein; nur handelt es sich nicht wie im Vergleichsfall um ein angefochtenes, erschüttertes und von ungelösten Fragen umgetriebenes Ich, sondern um ein vor schicksalhafte „Einbrüche" gestelltes, das unter diesem Druck unwillkürlich nach seiner Sinnbestimmung Ausschau hält. Als derartigen Einbruch empfindet Buber, wie bereits vermerkt, schon den schweren Rückschlag, den Jesus mit dem Massenabfall seiner Anhängerschaft erleidet und für den sich in der neueren Forschung die Rede von der „galiläischen Krise" einbürgerte. Eine „Unsicherheit" wandelt ihn an, die ihn, den nun noch mehr als früher Vereinsamten die ihm verbliebenen Jünger fragen läßt, „wer" er denn nach ihrem Urteil sei [52].Das aber ist nur das Vorspiel der ungleich radikaleren Befragung, der er sich zu Beginn der Prozeßerzählung unterworfen sieht:

‚Wer bist du?' Ist er nun selber gefragt worden, wie er einst die Jünger fragte, wer er sei, er aber, mit fernen Augen, antwortet dem Sinn nach: ‚Ihr werdet den sehen, der ich werden soll.' Er sieht ihn jetzt: ich bins. Er sagt es

---

[50] Näheres dazu in meiner Schrift ‚Jesus für Christen', 21–30.

[51] Dazu auch die Darstellung von *Walter Kern,* Disput um Jesus und um Kirche, Innsbruck 1980, 73–87.

[52] *Buber,* Zwei Glaubensweisen, 30.

nicht, aber es gibt Hörer, die es zu hören meinen, weil sie ihn, den Sehenden, sehen[53].

Was er sich in der Krisenstunde von seinen Jüngern sagen lassen mußte, sagt Jesus jetzt, in der Verhörszene, selbst. Doch bevor der Grund dieses Wissens ausgeleuchtet werden kann, gibt die Szene Anlaß zu einer Rückblende, sofern ihm das, was er nun selber sagt und was er sich zuvor durch Freundesmund sagen ließ, durch die Himmelsstimme, die ihn bei der Taufe zum Sohn Gottes erklärt, zugesprochen worden ist[54]. Nimmt man mit der kritischen Forschung an, daß die Einsetzung in die Sohnschaft erst mit seiner Auferstehung erfolgte, so handelt es sich beim Bericht über die Taufe um eine spätere Rekonstruktion, der keine persönliche Erfahrung Jesu zugrunde liegt. Anders freilich, wenn die Tauftradition nach Bubers Annahme in ihrem Kernbestand echt ist und auf eine Äußerung Jesu zurückgeht. Und diese Äußerung scheint ihm, wie erinnerlich, in den Eingangssätzen der johanneischen Nikodemus-Perikope tatsächlich erhalten geblieben zu sein[55]. Für Buber hat auch die in die Nikodemusszene eingebettete Äußerung Jesu den Charakter einer Antwort:

> Der Anredende stellt Jesu Ermächtigtsein von oben in seinem Wort und seinem Werk fest und schweigt dann. Sein Schweigen spricht seine Frage aus: er versteht dieses Ermächtigtsein nicht. Schweigend fragt er: Wie geht das zu? Woher hast du das? womit hast du es dir erworben?[56].

Nach Buber liegt der Antwort Jesu der Gedanke zugrunde, daß er insofern „von Gott komme", als er der bereits angebrochenen Gottesherrschaft ansichtig wurde und dies aufgrund seines einzigartigen Gottesverhältnisses, das er mit dem Ausdruck „von oben gezeugt" verdeutlicht. Obwohl er dem nur eine Auskunft über die allgemeine, insbesondere dem jüdischen Menschen zukommende Gottessohnschaft entnehmen möchte, führt die damit eingeschlagene Linie doch faktisch in die Richtung des christlichen Dogmas. Denn mit dem Hinweis auf das, was ihm, dem Fragesteller mit Jesus aufgrund der jüdischen Herkunft gemeinsam war, wäre die Frage nach der besonderen Bevollmächtigung Jesu nicht beantwortet worden. Vielmehr ist das besondere Ermächtigtsein Jesu erst

---

53 A.a.O., 110.
54 A.a.O., 118f.
55 Dazu nochmals die Ausführungen S. 113ff.
56 A.a.O., 120.

dann erklärt, wenn ein Grund genannt wird, der ihn aus der Gemeinschaft der übrigen heraushebt. Deshalb hat das „von oben gezeugt" in seinem Mund einen besonderen Klang. Und es liegt nur in der Konsequenz dieses zunächst dunklen Hinweises, wenn die Perikope schließlich von dem Menschensohn spricht, der als erster zum Himmel aufsteigen werde, weil er „vom Himmel herabgestiegen ist" (Joh 3, 13). Nichts anderes aber bringt der Markusevangelist zum Ausdruck, wenn er die Himmelsstimme bei der Taufe zu Jesus sagen läßt: „Du bist mein geliebter Sohn, an dir habe ich Wohlgefallen gefunden" (Mk 1, 11), nur mit dem Unterschied, daß Jesus nun der unausdrücklich Fragende ist, dem die Stimme von oben antwortet.

Für Buber konnte sich Jesus über seine Ermächtigung und die ihr zugrunde liegende Gottessohnschaft äußern, weil er die in und mit ihm anbrechende Gottesherrschaft „schaut". Dieselbe Vorstellung liegt nun aber auch seiner Deutung der Verhörszene zugrunde. Aufs neue und jetzt mit tödlichem Ernst nach dem befragt, was und wer er sei, antwortet er sinngemäß: „Ihr werdet den sehen, der ich werden soll." Und er antwortet so, weil er sich „als den zukünftigen Entrückten und sodann zum Erfüllungsdienst Entsandten" im Sinne der Danielischen Menschensohn-Vision vor Augen hat [57]. Er antwortet also wiederum aufgrund seiner Schau, nur daß sich diese jetzt auf sein Werk, das Gottesreich, sondern auf seine Würde und Vollmacht, die Machtstellung des auf den Wolken des Himmels kommenden Menschensohnes, bezieht.

Schon damit läßt Buber das durchschnittliche Verständnis dieser Szene hinter sich. Dann aber überschreitet er nochmals die eigene Position, wenn er aus dieser visionären Entrückung „aus dem Lebensstande der Verborgenheit" und dem mit ihr gegebenen Perspektivenwechsel Folgerungen zieht, die das Werden des christlichen Osterglaubens berühren:

> Darf man diesen Betrachtungswandel aber annehmen, dann wäre damit das lebensgeschichtliche Faktum gegeben, um das nach dem Tode Jesu und den Visionen der Jünger allmählich all das bei den hellenistisch Beeinflußten bereitliegende mythische Element zusammenschloß, bis das neue binitarische Gottesbild präsent war. Nicht bloß neue Symbole, sondern sogar neue Gottesbilder wachsen ja aus menschlicher Lebensgeschichte, und gerade aus ihren unabsichtlichsten Momenten [58].

---

[57] A. a. O., 110.
[58] A. a. O., 111.

Hier wird zwar die „Materialbasis"des Osterglaubens im Feld der hellenistischen Mythologie gesucht, gleichzeitig aber unterstellt, daß sich daraus niemals das Gebilde des Auferstehungsdogmas erhoben hätte, wenn in diese Lauge nicht ein Kristallisationskern gefallen wäre, der mit Jesus ursächlich zu tun hat. Die Frage nach dem Ereignischarakter der Auferstehung wird damit nicht berührt, wohl aber die nach dem Zustandekommen der Ostererscheinungen. Und in dieser Frage vertritt Buber den von keinem christlichen Theologen bisher berührten Standpunkt, daß die Schau der Jünger an die Schau dessen anknüpft, der, den sicheren Tod vor Augen, sich in seiner zukünftigen Herrlichkeit, der Herrlichkeit des auf den Wolken des Himmels kommenden Menschensohnes, wahrnimmt. In dieser subtilen Überlegung kommt unverkennbar der „Entdecker des Mystischen" zum Zug. Denn für die mystische Tradition, wie sie etwa durch *Nikolaus von Kues* in seiner Schrift ‚Vom Sehen Gottes' verkörpert wird, ist es eine ausgemachte Sache, daß alles religiöse Sehen auf ein vorgängiges Gesehensein durch Gott zurückgeht. Auf dieser Spur bewegt sich auch Bubers Deutung der auf die Schau Jesu „antwortenden" Ostererscheinungen.

Was aber die zunächst ausgeklammerte Frage nach dem „Ereignischarakter" der Auferstehung anlangt, so plädiert Buber für eine Rekonstruktion der ursprünglichen Auffassung. Zwar wurde diese schon früh durch das Bild der Auferstehung verdrängt, das aus unterschiedlichen Gründen im Zentrum der paulinischen Vision stand; doch schimmert in den Paulusbriefen die ältere Auffassung noch so deutlich durch, daß auf sie mit einiger Sicherheit zurückgeschlossen werden kann:

> Es spricht manches dafür, daß in der Zeit nach dem Tode Jesu neben dem Bild seiner Auferstehung das seiner Himmelfahrt vom Kreuz aus bestand, ja jenem vorausging – das Bild einer Entrückung also, analog den im Alten Testament von Henoch und Elias, später auch von Moses und anderen erzählten[59].

Daß diese Annahme zutrifft, bestätigt Paulus selbst, wenn er im christologischen Hymnus des Philipperbriefs die Aussage referiert, daß Gott den „bis zum Tod, ja bis zum Tod am Kreuze" gehorsam Gewordenen „erhöht" und ihm einen Namen gegeben habe, „der

---

[59] A.a.O., 100f.

über alle Namen ist" (Phil 5,8 f). Vor allem aber greift der Hebräerbrief auf diese Auffassung zurück, wenn er (im Anschluß an Ps 8,7) davon spricht, daß Jesus „um seines Todesleidens willen mit Herrlichkeit und Ehre gekrönt" worden sei (2,9). Und er fügt dem eine Deutung hinzu, die mit dieser älteren Modellvorstellung bruchlos zusammengeht, wenn er von dem „unter Tränen" zu seinem Gott Aufschreienden sagt: „und er ist erhört und aus seiner Todesnot befreit worden" (5,7)[60].

Hier fügt der Hebräerbrief der von ihm zunächst referierten Modellvorstellung von der Entrückung Jesu eine zweite, theologisch kaum erst wahrgenommene hinzu: die Vorstellung von einer „Erhörung". Danach sammelt sich die ganze Lebens- und Sterbensnot Jesu in seinem Todesschrei am Kreuz, aus dem die tradierende Gemeinde das große „Warum?" heraushörte, das wie die schweigend gestellte Frage bei seiner Taufe nach der Antwort von oben verlangt. Und wie dort die Antwort in der Einsetzung in die Sohnschaft bestand, so jetzt in der Aufnahme des Sterbenden ins unverlierbare Leben Gottes. Von Gott her gesehen besagt das: er antwortet nicht mit der erhofften Rettungstat, dafür aber mit sich selbst, mit seiner befreienden Selbstübereignung an den aus seiner Todesnot zu ihm Aufschreienden. Von diesem her aber besagt es, daß er in die Wirklichkeit und Lebensfülle Gottes hineinstirbt, so daß die Macht des Todes an ihm zerbricht. Es muß offen bleiben, ob sich Buber in dieser Position des Hebräerbriefs wiedererkannt hätte, da er nicht auf sie zu sprechen kommt. Indessen wäre sie geeignet, die Lücke zu schließen, die seine Deutung des Ausgangs der Lebensgeschichte Jesu offenläßt.

Mit seinen abschließenden Erwägungen weist Buber in ‚Zwei Glaubensweisen' so deutlich auf die ‚Gottesfinsternis' voraus, daß diese geradezu als eine Ausfolgerung seiner Christentumskritik lesbar wird. Umgekehrt wird deren Schlüsselsatz, wonach die „Verfinsterung des Himmelslichts" als ein Geschehen zwischen der verdunkelten Gottessonne „und unserem Auge" zu gelten hat, erst in diesem Rückbezug voll begreiflich. Wenn dann schließlich die Reflexivität des neuzeitlichen Denkens für den Verlust der Spontaneität und damit der Gebetsfähigkeit des heutigen Menschen haftbar gemacht wird, liegt dem der unausgesprochene Vorwurf zugrunde, daß das Verhängnis dort seinen Anfang nahm, wo

[60] Näheres dazu in ‚Jesus für Christen', 62–69.

denkende Menschen mit Hilfe von Bildern Klarheit über die göttlichen und irdischen Dinge zu gewinnen suchten, vor allem aber dort, wo ein „Bild des unsichtbaren Gottes", wie dies im Christentum geschieht, ins religiöse Zentrum gerückt wird.

Denn das Bild impliziert nach Bubers Verständnis stets den Versuch einer Festlegung. In seiner religiösen Verwendung hat es daher als Vorgriff auf die Freiheit Gottes zu gelten, dem es den Weg abzuschneiden sucht, sich aus seiner – in ihm ausgedrückten – Erscheinungsweise in das Dunkel seiner Verborgenheit zurückzuziehen. Doch dadurch gewinnt es den Charakter einer störenden und verstörenden Intervention. Es schiebt sich eigengesetzlich in die Unmittelbarkeit, die zwischen Gott und dem von ihm angerufenen Menschen besteht und läßt ihre Beziehung nur noch bedingt zustande kommen. Im Glauben gelten dann mehr die von Gott gewußten Inhalte und die sie umschreibenden Sätze als der, in dem sich der Glaubende „einwurzeln" und Halt gewinnen könnte. Und im Lebensvollzug gewinnen die Institutionen und gesetzlichen Vorschriften das Übergewicht über die lebendigen Vollzüge, die sie von ihrer Sinnbestimmung her ermöglichen und begünstigen sollten. In diesem Zusammenhang gewinnt die Betrachtung über das Verhältnis Jesu zu den Pharisäern geradezu die Bedeutung eines Schlüsseltextes[61]. Was Buber dort als eine im Spätjudentum einsetzende und zu einem selbstherrlichen „Gesetzesgedanken" sich verfestigende Tendenz herausstellte, sieht er im paulinisch geprägten Christentum zur epochalen Kulturgestalt geworden. Sie steht, störend und verdeckend, zwischen dem Menschenauge und dem göttlichen Himmelslicht; sie trägt, mit andern Ursachen zusammen, Schuld an der über die gegenwärtige Weltstunde hereingebrochenen Gottesfinsternis.

So hart diese Bezichtigung klingt, verhilft Buber doch schon von sich aus zu einer ungleich ergiebigeren Lesart, wenn er die Aufblähung der Vermittlungsstruktur mit dem Verschriftungsprozeß in Zusammenhang bringt, den die religiöse Botschaft in beiden Religionen, dem Judentum wie dem Christentum, erfuhr. Denn damit umriß er eine für die Theologie beider Offenbarungsreligionen gleich wichtige Aufgabe, die man als die einer „Rückübersetzung" des literarisch fixierten Wortlauts in die Sprache seiner ursprünglichen Verlautbarung kennzeichnen könnte. Und

---

[61] Dazu nochmals die Ausführungen S. 26ff.

damit wies er der um diese Rekonstruktion bemühten Theologie auch schon eine Schlüsselrolle bei der Bewältigung des Medienproblems zu, dessen Lösung vermutlich mehr als alle übrigen Initiativen über die Zukunft der Religion im abendländischen Kulturkreis entscheiden wird.

Doch Buber beläßt es nicht bei dieser unausdrücklichen Hoffnungsperspektive; er fügt ihr eine ausdrückliche hinzu, mit der er sogar, wenngleich unabsichtlich, Paulus erreicht. Denn ihn, den dem Menschen zugewandten Gottesdenker, bewegt abschließend die Frage nach der Möglichkeit eines menschlichen Zutuns zur Abwendung der Gottesfinsternis. Und er findet die Antwort auf dem Umweg über *Kafka*, der im Bann des Paulinismus die „Vordergrundhöllen" dieser Zeit mit peinigender Schärfe beschreibt und dabei schließlich, ganz unverhofft, an das im Dunkel der Weltstunde verborgene Paradies rührt. Das geschieht mit dem „aus dem Schoß Israels" geborenen Wort, das dazu auffordert, das unerlöste Leiden in dieser Welt aufarbeitend mitzuleiden:

> Da ist es wieder, das Wort aus dem Schoß Israels. Die unerlöste Seele weigert sich, die Evidenz der unerlösten Welt, an der sie leidet, gegen die eigne Erlösung herzugeben. Sie kann sich weigern, denn sie ist geborgen[62].

Mit dem Schlüssel dieses Wortes rührt Buber an das verlorene, zumindest aber verborgene Paradies. Es stammt tatsächlich aus prophetischer Tradition, näherhin aus der Vorstellungswelt des jesajanischen Liedes vom Gottesknecht, dem die junge Christenheit eins der wichtigsten Deutungsmuster für das Verständnis der Heilstat Jesu entnahm. Und doch hat dieser Gedanke von der stellvertretend übernommenen Sühne in altchristlicher Zeit keinen bewegenderen Sprecher als Paulus gefunden, der auf dem Höhepunkt seines Römerbriefs, im unmittelbaren Anschluß an seinen vollgültigen Hymnus auf die Liebe, versichert:

> Ich sage in Christus die Wahrheit und lüge nicht; mein Gewissen bezeugt es mir im heiligen Geist; denn ich bin voll Trauer, und unablässig leidet mein Herz. Ja, ich möchte selber verflucht und von Christus getrennt sein um meiner Brüder willen, die der Herkunft nach mit mir verbunden sind (Röm 9, 1 ff).

Unwillkürlich tritt Buber mit dem Wort, von dem er sich die Abwendung der religiösen Notlage verspricht, in die Fußspur die-

---

62 A. a. O., 173.

ses Pauluswortes. Er ist dabei von der Überzeugung geleitet, daß mit der Bereitschaft zu sühnender Stellvertretung ein Beitrag zur Wiederherstellung des gestörten Gottesverhältnisses geleistet werden kann. Der erste Schritt dazu aber wäre dann getan, wenn der Glaube der Gegenwart jenes Gesicht wiedergewänne, das er mit der Abkehr vom jüdischen Vertrauensglauben verlor. In der säkularistischen Gesellschaft der Gegenwart ist aber die jüdische Emuna nicht weniger als die christliche Pistis in Gefahr. Denn die Emuna hat in ihr „keine seelische Grundlage mehr". Und der Christenglaube verliert zusehends die Kraft, sich „gegen die Bestimmungsmacht des öffentlichen Wesens behaupten" zu können[63]. In dieser gemeinsamen Bedrohung ist ein gegenseitiges Aufeinander-Zugehen das Gebot der Stunde. Zwar sind die beiden Glaubensweisen grundverschieden:

> Aber ein nach der Erneuerung seines Glaubens durch die Wiedergeburt der Person strebendes Israel und eine nach der Erneuerung ihres Glaubens durch die Wiedergeburt der Völker strebende Christenheit hätten einander Ungesagtes zu sagen und eine heute kaum erst vorstellbare Hilfe einander zu leisten[64].

Mit diesem Schlußwort seiner Kampfschrift hat Buber eins der größten Hoffnungszeichen in dieser Zeit gesetzt. Denn im Klartext besagt dieses Wort, daß Juden und Christen im subtilsten Bereich ihrer möglichen Verständigung, also in der Glaubensfrage, voneinander gleicherweise zu lernen haben. Der Jude vom Christen jenes personale Element, das in der Leitfrage des Lebens Jesu seinen ursprünglichen Ausdruck fand. Und der Christ vom Juden jene vitale Verankerung seines Glaubens, ohne die er ihn auf die Dauer nicht aufrechterhalten kann. Wie würde Buber heute urteilen, wenn er die Glaubenswende vor Augen hätte, in welcher der Christenglaube begriffen ist? Und wie würde er votieren, wenn er sähe, daß sich der Christenglaube im Zug dieser Wende zunehmend als Vertrauensglaube begreift[65]? Offensichtlich griffe er nicht zu hoch, wenn er seinem Schlußwort, was den Appell an die Christenheit anlangt, prophetische Qualität beimäße.

---

[63] A. a. O., 175; 177.
[64] A. a. O., 178.
[65] Näheres dazu in meiner Untersuchung ‚Die glaubensgeschichtliche Wende. Eine theologische Positionsbestimmung', Graz 1986, 171–208.

Nachwort

Der Weisheitszeuge

Obwohl Martin Buber der Denkwelt *Guardinis* bei aller Verbundenheit distanziert gegenüberstand, hätte er doch seiner Ansicht nicht widersprochen, daß jedem Menschen ein „Paßwort" mit auf den Lebenweg gegeben werde, dem er zu entsprechen und zu folgen habe. Buber entsprach ihm, indem er seinerseits zu sprechen und mit denen, die ihn als ein „Orakel, das mit sich reden läßt", aufsuchten, ein Gespräch zu führen begann. In seinen Werken besitzen wir den Niederschlag dieses dialogischen Wortes, gebrochen durch das Prisma seiner Persönlichkeit und Lebensleistung. Demgemäß stellte sich sein „Wort" in unterschiedlichen Perspektiven dar: als „chassidische Botschaft" im Werk des Mystikers, als Frage nach dem als überbrückte Urdistanz begriffenen Menschen im Werk des Anthropologen, als Kunde vom „Zwischenmenschlichen" im Werk des Dialogikers, als Befragung des Schriftworts im Werk des Bibelübersetzers und als kritische Anfrage an das Christentum im Werk des Kontroverstheologen. Indirekt stellt sich schon mit dieser Perspektivenvielfalt die Frage nach dem vermutlichen Einheitsinn. Denn Bubers Bedeutung, an deren Klärung gerade gerade in einer Zeit der deutlich geminderten Nachwirkung gelegen ist, kann nur dann genauer bestimmt werden, wenn es gelingt, das den angesprochenen Perspektiven Gemeinsame herauszustellen. Worin besteht es?

Eine vorläufige Antwort ergibt sich schon aus dem dafür erforderlichen Erkenntnisakt, sofern von ihm der alte Erfahrungssatz gilt: sapientis est ordinare – ordnende Zusammenschau ist die Sache des Weisen. In dieselbe Richtung führt, auch wenn damit noch nichts bewiesen ist, eine zweite Überlegung, zu welcher Buber selbst den Anlaß bot, als er in einem Aufsatz über die ‚Forderung des Geistes und die geschichtliche Wirklichkeit' (von 1948) auf die Rolle der führenden, vom „Sturm des Geistes" getragenen Menschen aufmerksam machte und ihre Unentbehrlichkeit für eine gedeihliche Entwicklung der politischen Verhältnisse hervorhob [1]. Heute wirkt sein Plädoyer wie die Ankündigung eines öffentlichen Notstandes. Denn die geistige Misere der Gegenwart ist an kaum etwas so klar abzulesen wie am Fehlen überragender Persönlichkeiten. Mag die Frage, ob die Hölle leersteht, unter Theologen kontrovers verhandelt werden – unfraglich ist die tragische Tatsache, daß der Götterhimmel der großen Leitgestalten eine bestürzende Evakuierung erfuhr. Was der Gegenwart schmerzlich fehlt, sind Politiker vom Range *Adenauers* und *de Gaulles,* Wissenschaftler vom Range *Einsteins* und *Heisenbergs,* Theologen vom Range *Bultmanns* und *Rahners,* Literaten vom Range *Faulkners* und Künstler vom Range *Beckmanns* und *Hindemiths.* Bevor man jedoch angesichts dieses Defizits in Klagen über den geistigen Niedergang ausbricht, sollte man sich die erstaunliche Entsprechung vor Augen halten, in der die gegenwärtige Situation zu der im 74. Psalm beschriebenen steht, der in dem Klageruf gipfelt:

> Weisende Zeichen sehen wir nicht;
> prophetische Stimmen hören wir nicht,
> und keiner von uns weiß, wie lange noch (74,9).

Gegenstand dieses Notrufs ist somit die Erfahrung einer prophetenlosen, deutungslosen Zeit. Denn zu den politischen Rückschlägen, die Israel damals erlitten hatte, war das niederdrückende Bewußtsein hinzugetreten, daß die gottgesandten Deuter fehlten, die vergleichbare Prüfungen in der Vorzeit verständlich und damit erträglich gemacht hatten. Zweifellos gehört es zu den bewundernswertesten Leistungen der Geistesgeschichte, daß Israel unter diesem Eindruck nicht der Resignation und Verzweiflung verfiel, sondern die Kraft zu einem einzigartigen Kompensationsakt aufbrachte. Gestützt auf die aus der Frühzeit überkommene Erfahrungsweisheit und herausgefordert durch den Aufgang des philosophischen Denkens im hellenistischen Kulturraum schuf sich sein Ingenium in und mit der spekulativen Weisheit den Spiegel, in dem es die Gottestaten der Vorzeit reflektieren und Schlüsse für die Bewältigung seiner notvollen Gegenwart ziehen lernte. Und mit der Konzeption fanden sich auch ihre kompeten-

---

[1] *Buber,* Die Forderung des Geistes und die geschichtliche Wirklichkeit, in: Frankfurter Hefte 3 (1948) 209–216.

ten Sprecher ein: Weisheitslehrer nach Art der Verfasser des Spruchbuchs, des Buches Jesus Sirach und zumal des Buchs der Weisheit, zusammen mit ihren Gewährsleuten. So sehr sie als Gestalten hinter ihren vielfach zu Merksprüchen geronnenen Einsichten zurücktreten, ist ihre Physiognomie doch durch charakteristische Züge eindeutig bestimmt: durch ein Traditionsbewußtsein, das über die unmittelbare Vorzeit auf die von ihnen gerühmte Vorvergangenheit zurückblickt; durch ihr Interesse am Menschen, gerade auch in seiner Gefährdung und Hinfälligkeit; durch den Glauben an das göttliche Walten in allem Sein und Geschehen; und nicht zuletzt durch den Willen zu belehrender Weitergabe der gewonnenen Erkenntnisse.

Wenn man diese Umrißzeichnung zugrunde legt, wird man Bubers geistiges Profil darin unschwer wiedererkennen. In seiner Aversion gegenüber dem liberalen Judentum, wie es sich etwa in der von ihm gleichzeitig verehrten wie in Frage gestellten Gestalt *Hermann Cohens* verkörperte, schließt er sich kurzfristig dem integralistischen Zionismus an, um schließlich seine geistige Identität in der im Chassidismus wiederauflebenden prophetischen Vorvergangenheit zu finden. Veranlaßt ist diese „Kehre" mit in erster Linie durch sein Verhältnis zur Politik, über das er in der erwähnten Reflexion über den Geist und die geschichtliche Wirklichkeit Rechenschaft ablegte. Darin wendet er sich mit *Kant* gegen die Behauptung *Platons,* daß den politischen Verhältnissen solange Unheil drohe, „bis entweder die rechten und wahren Philosophen zur staatlichen Herrschaft gelangen oder die Gewalthaber in den Staaten wirklich philosophisch leben", weil der Besitz der Gewalt, wie er mit Kants Traktat ‚Zum ewigen Frieden' argumentiert, „das freie Urteil der Vernunft unvermeidlich verdirbt". Aus diesem Dilemma führt ihn seine Zeitkritik heraus, da von der gegenwärtigen Krise seiner Ansicht nach zu erwarten ist, daß die ständig eskalierende Macht schließlich an sich selber irre wird und der aus ihrem Spannungsfeld entlassene Mensch wieder „nach Weisung begehrt". Noch bevor die übrigen Kriterien – Hinkehr zum Menschen, Glaube an einen transzendenten Geschichtssinn und Vermittlungswille – auf Buber bezogen werden, fällt hier schon das Stichwort, das seine Zuordnung zur Kategorie der Weisheitslehrer erlaubt. Wie die Protagonisten der spekulativen Weisheit ist auch Buber ein Weisheitsdenker, wenngleich unter den besonderen Bedingungen dieser Zeit.

Um dies im Blick auf die durchschrittenen Perspektiven zu verdeutlichen, so bestätigt das schon Bubers Gang durch die Welt der Mystik, auch wenn ihn sein Weg im Sinn der von ihm vollzogenen „Bekehrung" von den Höhen der himmlischen Throngefährtin Gottes (Weish 9,4) in die Niederungen der Alltagsweisheit führt, die sich (nach Spr 8,2) auf Straßen und Wegekreuzungen finden läßt. Stärkster Beweis dafür ist der von ihm leitmotivartig verwendete Begriff der „Schechina", dem die Zugehörigkeit zum Bedeutungsfeld der Weisheit geradezu auf die Stirn geschrieben ist. Indem er die Vorstellung von der göttlichen Herablassung und „Einwohnung" suggeriert, hebt er auf das ab, was man die „mystische Inversion" nennen könnte, also auf die Herkunft jeder hohen Erkenntnis aus einem vorgängigen Erkanntsein und auf die Verankerung jeder großen Initiative in einem sie übergreifenden Geführt- und Bewogenwerden. Das aber entspricht aufs genaueste dem Bild der Weisheit, von der es heißt, daß sie „von Geschlecht zu Geschlecht in heilige Seele eingeht", um sie zu Gottesfreunden und Propheten heranzubilden (Weish 7,27).

Erst recht ist Buber durch sein anthropologisches Engagement als Weisheitsdenker ausgewiesen. Hier müßte freilich der alte Erfahrungssatz, wonach es die Sache des Weisen ist zu ordnen, zu der These abgewandelt werden: sapientis est investigare – Sache und Kunst des Weisen ist es, das hinter dem begrifflich Erfaßbaren Liegende auszukundschaften. Wie sehr das auf Buber zutrifft, betont *Gabriel Marcel,* wenn er ihn im Gefolge von *Pascal, Kierkegaard* und *Nietzsche* um ein zulängliches Verständnis des Menschen im Spielraum seiner Werdemöglichkeiten bemüht sieht[2]. Zur Hebung dieses in ihm selbst verborgenen Schatzes gelangt das menschliche Ich nach Bubers Überzeugung aber immer erst in der Beziehung zum Du. Hierin setzt er sich in schärfsten Widerspruch zu *Sartre;* denn im Unterschied zu diesem ist für ihn der Andere nicht der „heimliche Tod", sondern der Erwecker der menschlichen Möglichkeiten[3]. Freilich: die Tiefe, aus der es den Schatz der je größeren Möglichkeiten zu heben gilt, ist zugleich auch der Abgrund, in den sich das Ich verlieren oder, schlimmer noch, fallen lassen kann. Auch dazu kommt es durch die Bezie-

---

[2] *G. Marcel,* Die philosophische Anthropologie Martin Bubers (Freiburger Universitätsvortrag vom 15. November 1965).

[3] Dazu *Heinz-Horst Schrey,* Dialogisches Denken, Darmstadt 1970, 43.

hung zu Mitmensch und Mitwelt, wenn diese verfehlt oder in selbstsüchtiger Absicht aufgenommen wird. Denn hinter dem freisetzenden „Wir“ droht, mit *Heideggers* Daseinsanalyse gesprochen, als dessen verführerische Fehlform das anonyme „Man“, das auf die funktionalisierende Gleichschaltung und Destruktion des persönlichen Profils ausgeht. Man braucht sich nur die Worte des Ecclesiasticus über die Erhöhung des weisheitsliebenden Menschen (Sir 6,26 ff; 15,5) oder die Warnungen vor dem ihm allzeit drohenden Fall (40,1–11) und vor der Gefahr, in ein Selbstzerwürfnis zu geraten (4,22; 14,4 ff), zu vergegenwärtigen, um einzusehen, wie genau sich Buber gerade auch mit seinem anthropologischen Konzept in der Spur der alttestamentlichen Weisheitslehre hält.

Wenn Weisheit das begrifflich nicht mehr zu Fassende denkbar macht, gilt das aber noch mehr von seinem dialogischen Ansatz, obwohl der alttestamentliche Weisheitsbegriff stärker zum göttlichen als zum menschlichen Du hin geöffnet ist. Immerhin vergleicht das Spruchbuch die Freundschaft mit dem gegenseitigen Schärfen zweier Eisen (Spr 27,17); vor allem aber erwecken die Aussagen über den Erwerb der Weisheit und das Verhältnis zu ihr den Eindruck, auf dem Boden einer verinnerlichten, ja geradezu mystisch vertieften Mitmenschlichkeit erwachsen zu sein. Im Hinblick darauf spricht Marcel davon, daß sich Bubers „Art der Erfassung des Nächsten grundlegend von der analytischen und reduzierenden Erkenntnis“ unterscheide, und er bezieht sich in diesem Zusammenhang auf Bubers Begriff von der Real-Phantasie, die er als „ein kühnes, fluggewaltiges, die intensivste Regelung meines Seins beanspruchendes Einschwingen ins Andere“ beschreibe[4]. Buber entwickelt diesen Gedanken in der bekannten Abhandlung über die ‚Elemente des Zwischenmenschlichen‘ (von 1954), die von seiner zentralen Entdeckung handelt. Danach ereignet sich in der Begegnung von Mensch und Mensch mehr, als was sich aus der Summe der zusammenwirkenden Faktoren ergibt, ohne daß dieses „Mehr“ mit ihnen verrechnet werden könnte. Für den Augenblick der geglückten Begegnung wächst der Eine am Andern über sich hinaus, wobei er ihn als die leibhaftige Freisetzung seiner gebundenen Möglichkeiten erfährt. Und gleichzeitig begreift er, daß er alle Beschwernisse und Enttäuschungen seines Daseins nur

[4] *Buber*, Elemente des Zwischenmenschlichen, in: Werke I, 280.

um dieses Augenblickes willen zu ertragen hatte, der ihn, so flüchtig er sich gestaltet, für alles Ertragene entschädigt. Daß *Theodor W. Adorno* dem Entdecker vorwirft, er „schwärze" damit den Ort der Wahrheit als dinghaft an und wärme „insgeheim den Irrationalismus auf", beweist nur die auffällige Blindheit der Kritischen Theorie gegenüber den subtileren Formen der personalen Selbstverwirklichung, nicht weniger aber auch, wie sehr sie als Theorie die extreme Gegenposition zur Weisheit bezieht. Umgekehrt gehört es zu deren spezifischen Gaben, das Denken gerade für das zu sensibilisieren, was den ebenso unverrechenbaren wie unentbehrlichen „Mehrwert" des Menschseins ausmacht. Daß Buber seine Erkundung des „dialogischen Lebens", wie der Titel einer frühen Werkausgabe (von 1947) lautete, bis in diesen Bereich vorantrieb, bestätigt seinen Rang als Weisheitsdenker.

Einer Bekräftigung dieses Ranges kommt aber auch seine Leistung als Bibelübersetzer gleich, sofern er sich dabei von dem gleichen Impuls leiten ließ, zu dem sich der Verfasser des Buches Jesus Sirach im denkwürdigen Vorwort seines Werkes bekennt. Danach ist es nicht nur Zweck des Schriftenstudiums, dem Israel seine Weisheit und Bildung verdanke, selbst „sachkundig zu werden", sondern nicht weniger auch, „Außenstehende durch Wort und Schrift zu fördern". Diesem Ziel diene auch die Übersetzung, die mit um so größerer Sorgfalt ins Werk gesetzt werden müsse, als es keineswegs auf das gleiche hinauslaufe, ob eine Schrift im Urtext oder in der Übertragung in eine andere Sprache gelesen werde. Darin hat er die volle Zustimmung Bubers. Deutlicher noch als dem in die Rolle eines bloßen Redaktors zurücktretenden Verfasser ist Buber jedoch die von diesem allenfalls geahnte Differenz bewußt, die sich aus dem Mediencharakter der biblischen Schriften und der damit verbundenen Gefahr ergibt, in ihrer Textgestalt als „festgeschriebene" Sentenz aufgefaßt zu werden. Deshalb konzentriert sich sein Ingenium nicht nur darauf, den Unterschied von Ausgangs- und Zielsprache möglichst gering zu halten, sondern mehr noch darauf, im Übersetzungstext das ihm zugrundeliegende Wort – „das Wort, das gesprochen wurde" – hörbar zu machen. Intensiver konnte er sich aber nicht mehr die Absicht der alttestamentlichen Weisheitslehrer zu eigen machen, die auch bei den – wie Kohelet – auf skeptische Distanz bedachten stets darauf gerichtet war, die in der Versenkung ins Gottes- und Weltgeheimnis gewonnenen Einsichten den „Außenstehenden" mitzuteilen.

Naturgemäß endet die Übereinkunft mit ihnen bei der letzten Perspektive, die sich auf den Christentumskritiker bezieht. Wenn auch sie noch im Sinne des von der Weisheit erhobenen Anspruchs, in alles eingeweiht zu sein (Weish 8,4), in diese Würdigung einbezogen werden, gilt es, noch weiter als bisher auszuholen und den Typus des Weisheitsdenkers genauer ins Auge zu fassen. Er läßt sich allgemein als der des Existenzdenkers bestimmen –. Schon auf den ersten Blick zeigt sich indessen, daß diese Charakteristik auf Buber in einem andern Sinn als im Fall der beiden Prototypen *Kierkegaard* und *Nietzsche* zutrifft. Anders als auf Kierkegaard, dessen Schaffen in einer denkerischen Umsetzung seiner Lebensgeschichte bestand, so daß ihm das Leben zu einer existentiellen Gegenprobe zu seinem Denken geriet. Anders aber auch als auf den späten Nietzsche, der seinen Werken dadurch neue Bedeutungstiefen abgewann, daß er sie einer „relecture" mit Hilfe seiner Person als Medium unterzog[5]. Demgegenüber tritt bei Buber ein kompensatorischer Zug zutage, der unmittelbar an die Geburt der spekulativen Weisheit aus dem Kompensationsakt erinnert, durch den das durch das Erlöschen des Prophetismus frustrierte Israel seine geistige Not überwinden lernte.

Um diesen Tatbestand in den Blick zu bringen, braucht man sich nur an die Verletzung zu erinnern, die Buber in seiner frühen Kindheit durch den Weggang der Mutter erlitt, und die sich nach Ausweis der ‚Autobiographischen Fragmente' in der Folge durch ähnliche Entzugs- und Frustrationserlebnisse vertiefte[6]. Symptomatisch dafür ist schon die Abwendung, mit der das Lieblingspferd auf eine selbstsüchtige Gebärde des Jungen reagiert, die Ausgrenzung der jüdischen Kinder in einer christlich geprägten Schule, vor allem aber der mit Bubers „Bekehrung" verbundene Eindruck, daß sich ihm das Mystische im emphatischen Sinn des Ausdrucks „entzogen" habe. Vor diesem Hintergrund zeichnet sich in Bubers Lebensleistung unübersehbar die Spur eines heimlichen Leidens ab: in seinem Einsatz für das Erbe der chassidischen Frömmigkeit die trotz der Bekehrung zur Alltagsmystik fortdauernde Sehnsucht nach ekstatischer Erhebung; in der Hinwendung zur Sprache das von ihr nicht voll zu stillende Verlangen nach zu-

---

[5] Dazu meine Schrift ‚Nietzsche für Christen', Freiburg/Br. 1983, 40.

[6] Dazu außer den Abschnitten ‚Die Mutter' und ‚Eine Bekehrung' auch ‚Das Pferd' und ‚Die Schule'.

ständlicher Verbundenheit; ja sogar in der Entscheidung für das dialogische Leben das Wissen um den Schmerz, den uns der Mitmensch durch die Unerfüllbarkeit des von und mit ihm erhobenen Anspruchs zufügt. Auch wenn Buber dem Gedanken *Karl Heims,* daß das Wesentliche am Ich-Du-Erlebnis, dessen Entdekkung er im übrigen noch über die neuer Sonnensysteme stellte, „ein Leiden" sei, niemals zugestimmt hätte, würde er sich doch der in dieser Übertreibung enthaltenen Wahrheit nicht versagt haben. Denn so sehr er mit seiner Überzeugung recht behält, daß das Du „nicht grenzt", so wenig konnte ihm verborgen bleiben, daß uns mit ihm zugleich „ein Hindernis in den Weg" tritt, das den Aktionsraum einschränkt und insofern Leiden schafft. Wenn die Leidensspur aber schon hier zutage tritt, zieht sie sich zweifellos auch in das Werk des mit einer im Grunde unlösbaren Aufgabe konfrontierten Übersetzers und nicht zuletzt auch in das seinem Wesen nach noch schmerzlichere des Kritikers hinein.

Mit diesem Rückgang von den Weisheitsdenkern zur Herkunft und Entstehung ihrer Konzeption hat sich nun aber, fast unbemerkt, die Rollenzuweisung an Buber verschoben. So richtig es war, ihn im Blick auf die herausgestellten Gemeinsamkeiten gleichfalls als „Weisheitsdenker" zu qualifizieren, so wenig kann diese Zuordnung jetzt, angesichts der kompensatorischen Verursachung seines Werkes genügen. Wenn dieses Werk aus einem ähnlichen Prozeß hervorging wie der Entwurf der Weisheit im Glauben des propheten- und zeichenlos gewordenen Israel, ist er nicht nur deren Referent, sondern ihr Zeuge: Weisheitszeuge. Dann ist es aber sinnlos, ihn mit der Elle fachwissenschaftlicher Kriterien zu messen, weil er mehr und anderes zu sagen hat als die Vertreter der von ihm in Anspruch genommenen oder berührten Disziplinen. Dann kommt es darauf an, aus dem Wort des Lehrers die Stimme des Weisen, aus den Appellen des Erziehers den Ruf des Mahners und aus den Thesen des Theologen die Botschaft des Zeugen herauszuhören. Und dann ergibt sich eine nach allem, was nach der gebotenen Gestalt- und Werkdeutung zu erwarten war, ganz ungeahnte, unerhoffbare Konstellation. Als Weisheitszeuge rückt Buber dann, über alle geistes-, zeit- und glaubensgeschichtlichen Differenzen hinweg, in unmittelbare Nähe zu *Edith Stein,* die als Gestalt gesehen im selben Licht erscheint. Als solche wurde sie sogar zweimal wahrgenommen: von *Erich Przywara,* der sich durch sie an die Figur der Uta vom Naumburger Dom und damit an eine der großen mittelalterlichen Symbolfiguren erinnert fühlte, und von *Damasus Zähringer,* dem sie wie eine Orantenfigur der Katakombenmalerei, ja wie eine leibhaftige Ecclesia orans vorkam. Dieser statischen Symbolgestalt tritt in Martin Buber eine betont dynamische Verkörperung der Weisheit und der mit ihr eröffneten Dimension gegenüber. Für Buber ist das in erster Linie die Dimension der Freiheit. Von ihr spricht er gerade dort, wo er spürbarer als irgendwo sonst die Sphäre der Deutung und Lehre ebenso wie die der Zeit- und Glaubenskritik hinter sich läßt und wo er auch die Gebärde des Erziehers mit der des voranstürmenden Kämpfers vertauscht: in seinem Vortrag ‚Über das Erzieherische' (von 1925). Dort heißt es an der bekenntnishaft-impulsiven Stelle, an welcher der Sprecher nachgerade zu leibhaftiger Präsenz gelangt:

Freiheit oder, wie ihr rechtmäßiger altdeutscher Name ist: Freihals – ich liebe ihr aufblitzendes Gesicht: es blitzt aus dem Dunkel auf und verlischt, aber es hat dein Herz gefeit. Ich bin ihr zugetan, ich bin allzeit bereit um sie mitzukämpfen. Um die Erscheinung des Blitzes, nicht länger während, als das Auge ihr standzuhalten vermag ... Ich liebe die Freiheit, aber ich glaube nicht an sie. Wie könnte man an sie glauben, wenn man ihr ins Gesicht gesehen hat! Es ist der Blitz der Alldeutigkeit – der Allmöglichkeit. Um sie kämpfen wir, immer wieder, von jeher, siegreich und vergebens [7].

Und inmitten dieses hinreißenden Textes der Satz, bei dem man den lebendigen Atem des Sprechers zu spüren, fast seine Hand zu fühlen glaubt:

Ich gebe meine linke Hand dem Aufrührer und meine rechte dem Ketzer: voran! Aber ich vertraue ihnen nicht. Sie verstehen zu sterben, aber das ist nicht genug ...

So stehen sie sich – auf derselben Linie – gegenüber: der voranstürmende Freiheitskämpfer und die Orantin, die mit ihren erhobenen Händen nicht nur an die betende Kirche, sondern ebenso an Sophiendarstellung in Orantenhaltung erinnert [8]. Was ist mit dieser Konstellation gewonnen? Der Horizont, in welchem ebensosehr das Grauenvollste wie das Beglückendste des Zeitgeschehens denkbar wird: der industrialisierte Tod von Auschwitz und

---

[7] *Buber,* Über das Erzieherische, in: Werke I, 796.

[8] So die nach dem Modell der Verklärung Christi gestaltete Sophia an der Ikonostase der Sophienkirche von Kiew; dazu mein Aufsatz ‚Christus und Sophie' (Augsburger Akademie-Publikation Nr. 81 von 1987, 29; 43).

das Zentralereignis der jüngsten Glaubensgeschichte, die Neuentdeckung Jesu [9]. Denn das eine wie das andere entzog sich dem Zugriff der rekonstruierenden Vernunft. Deshalb reagierte das öffentliche Bewußtsein auf Auschwitz mit Akten der Verdrängung; und deshalb entzweite sich die mit dem neuentdeckten Jesus konfrontierte Theologie – der vor die subatomare Teilchenwelt gestellten physikalischen Theorie vergleichbar – zu zwei entgegengesetzten Modellvorstellungen [10]. Wenn es dabei nicht bleiben soll, muß der die rekonstruierende Vernunft gleichzeitig übergreifende und überhöhende Horizont gewonnen werden, der beides, das Mysterium des Grauens wie das Mysterium des Heils, denkbar macht. Für die Erreichbarkeit dieses Ziels steht das Opfer der Vernichtungsmaschinerie zusammen mit dem Freiheitskämpfer ein. Edith Stein mit ihrem Gebet, Martin Buber mit seinem Befehl, dem über die verhärteten Verhältnisse hinausdrängenden „Voran!" Denn der Horizont, den sie in ihrer geeinten Gegensätzlichkeit ausmessen, ist zugleich der Spiegel, in welchem nach dem Vorgang Israels, das mit Hilfe des in notvoller Stunde gewonnenen Mediums zu einem hilfreichen Verständnis seiner Heils- und Unheilsgeschichte gelangte, das Schrecklichste ebenso wie das Tröstlichste reflektiert werden kann: das Verbrechen am Judentum jenseits von Verdrängung und Rache, und das neuentdeckte Geheimnis Jesu diesseits der divergierenden Theorien, so daß es als die altbekannte und doch neu zugesprochene Antwort auf die intimsten wie auf die qualvollsten Fragen der Gegenwart begriffen und – angenommen werden kann.

---

[9] Dazu meine Veröffentlichungen ‚Jesus für Christen' (Freiburg/Br. 1984, 21–30) und ‚Glaubenswende' (Freiburg/Br. 1987, 89–100).

[10] Angesprochen sind damit die gegensätzlichen Theorien, die unter der Bezeichnung ‚Christologie von oben' und ‚Christologie von unten' die Neuentdeckung entweder aus der Sicht des traditionellen Dogmas oder aus der Perspektive des Sozialverhaltens Jesu zu bewältigen suchten und den christologischen Disput vor allem während der siebziger Jahre bestimmten; dazu der von *Joseph Sauer* hrsg. Sammelband ‚Wer ist Jesus Christus?' (Freiburg/Br. 1977). – In diesem Nachwort greife ich das Grundmotiv meines zum 85. Geburtstag Bubers veröffentlichten Hochland-Aufsatzes auf: Martin Buber – ein Weiser unserer Zeit, in: Hochland 55 (1963) 217–234.

Namenregister